Verband der PsychotherapeutInnen beider Basel, VPB
(Hrsg.)

Innensicht

Was Sie schon immer fragen wollten –
PsychotherapeutInnen antworten

Verband der PsychotherapeutInnen
beider Basel, VPB (Hrsg.)

Innensicht

Was Sie schon immer fragen wollten –
PsychotherapeutInnen antworten

Asanger Verlag • Kröning

pro mente sana
Psychische Gesundheit stärken

Wir danken der Stiftung Pro Mente Sana für die Unterstützung dieses Buches.

Pro Mente Sana setzt sich für Menschen mit psychischen Belastungen ein. Sie fördert die psychische Gesundheit mit rechtlichen und psychosozialen Beratungen, präventiven Bildungsangeboten sowie Sensibilisierungs- und Informationsmaßnahmen. Sie ist zudem Trägerin der Kampagne «Wie geht's dir?». www.promentesana.ch

Layout: Wolfgang Wohlers, einsatz.berlin

Druck: PBtisk, a.s., Czech Republic

Bibliographische Informationen der Deutschen Nationalbibliothek:
Die Deutsche Nationalbibliothek verzeichnet diese Publikation in der Deutschen Nationalbibliographie; detaillierte bibliographische Daten sind im Internet über http://dnb.d-nb.de abrufbar.

Das Werk einschließlich aller seiner Teile ist urheberrechtlich geschützt. Jede Verwertung außerhalb der engen Grenzen des Urheberrechtsgesetzes ist ohne Zustimmung des Verlags unzulässig und strafbar. Das gilt insbesondere für Vervielfältigungen, Übersetzungen, Mikroverfilmungen und die Einspeicherung und Verarbeitung in elektronischen Systemen.

© 2020 • www.asanger.de
ISBN 978-3-89334-638-7

Inhalt

Geleitwort XI

Dünger fürs Selbstbewusstsein 2
Peter Schwob

Geben Sie Ihr Intimleben nicht auf 4
Susann Ziegler

Diebstahl in den eigenen vier Wänden 6
Sabine Brunner

Mit meinem Körper mache ich, was ich will 8
Gisela Zeller-Steinbrich

Sie haben das Recht, auch einmal Nein zu sagen 10
Birgit Milz

Terror. Und ich? 12
Jörg Hirsch

Mit den Augen des Kindes schauen 14
Sabine Brunner

Ich bin zu dick 16
Peter Schwob

Eigentlich geht es mir doch gut 18
Sabine Brunner

Alles ist schmutzig 20
Susann Ziegler

Der Weihnachtsbaum stand am falschen Ort 22
Peter Schwob

Bin ich ein Bordi? 24
Susann Ziegler

Soll ich jetzt reden wie ein Idiot? 26
Gisela Zeller-Steinbrich

Im Winter gehe ich ein 28
Sabine Brunner

Mein tief empfundenes Beileid! 30
Peter Schwob

Unbegründete Angst vor der Psychiatrie 32
Susann Ziegler

Wie komme ich da wieder raus? 34
Thomas Kern

Dieser Tag war meiner 36
Sabine Brunner

Ich will mit meinem Vater nichts zu tun haben 38
Peter Schwob

Bin ich ein Angsthase? 40
Thomas Kern

Langeweile kann ein wertvolles Gut sein 42
Gisela Zeller-Steinbrich

Diese KESB ist so bedrohlich! 44
Susann Ziegler

Völlig verwirrt vom Fremden 46
Jörg Hirsch

Grenzen setzen? 48
Sabine Brunner

Darf mein Sohn mich schlagen? 50
Peter Schwob

Rendezvous mit dem Ich 52
Susann Ziegler

Psychotherapie bei ADHS: Mehr als eine Ergänzung 54
Thomas Kern

Patchworkfamilie – oder eher Patchworkfalle? 56
Sabine Brunner

Von Bären und Wölfen gequält 58
Peter Schwob

Fängt jetzt alles wieder von vorne an? 60
Jörg Hirsch

Bittere Enttäuschung 62
Susann Ziegler

Ich bin völlig fasziniert von Autos 64
Jörg Hirsch

Ein unvertrautes Gesicht zeigt sich 66
Thomas Kern

Kindisch, wenn ich meine Frau anrufe? 68
Peter Schwob

Engel, gibt's die? 70
Gisela Zeller-Steinbrich

Es ist schwer, mit der Mutter zu streiten 72
Sabine Brunner

Wo darf ich zuhause sein? 74
Jörg Hirsch

Es sind immer die anderen 76
Susann Ziegler

Vom Velo herunterschreien 78
Peter Schwob

Meine Mutter hat Alzheimer, ich bin genervt 80
Sabine Brunner

Leidenschaft, das Salz in der Suppe 82
Thomas Kern

Kinder oder keine – muss ich mich rechtfertigen? 84
Gisela Zeller-Steinbrich

Zurück in den Beruf – auch wenn der Partner aufmuckt .. 86
Susann Ziegler

Grosse Hilflosigkeit mit unserem Sohn 88
Peter Schwob

Geschwister oder Einzelkind? 90
Sabine Brunner

Diese ewigen Kurzbeziehungen 92
Jörg Hirsch

Kontakt mit autistischem Mädchen? 94
Thomas Kern

Ärger mit dem Nachbarn 96
Susann Ziegler

Auf Dauer können Sie den Sohn nicht allein betreuen 98
Peter Schwob

Hilfe, mein Sohn hascht! 100
Jörg Hirsch

Muss ich in meinem Alter noch streiten? 102
Susann Ziegler

Darf man sich nicht mehr ärgern? 104
    Sabine Brunner

Warum kann der nicht mit mir ein Bier trinken? 106
    Peter Schwob

Der Tod und verpasste Gelegenheiten 108
    Jörg Hirsch

Über Musikstunden nachdenken 110
    Sabine Brunner

Jetzt ist zuerst Erholung dran 112
    Thomas Kern

Loslassen – wie soll das gehen? 114
    Jörg Hirsch

Vielleicht haben wir uns entliebt 116
    Susann Ziegler

Wie kann man das aushalten? 118
    Susann Ziegler

Ungeliebtes Familienfest 120
    Thomas Kern

Wenn das Handy wichtiger ist als das Kind 122
    Peter Schwob

Aus allem herausgefallen 124
    Jörg Hirsch

Trennungen tun weh 126
    Sabine Brunner

Wer ist der Chef zu Hause? 128
    Peter Schwob

Düstere Zukunft – was soll ich tun? 130
Thomas Kern

Ich kann nicht schlafen 132
Susann Ziegler

Vaters Alterselend 134
Susann Ziegler

Nachwort · Innensichten nach aussen tragen 137
Peter Schwob

Stichwortverzeichnis 139

Die AutorInnen 143

Geleitwort

Die „Briefkastentante", die in Zeitungen und Illustrierten zu jedem Problem einen klugen Ratschlag parat hat, wird oft als wenig professionell belächelt. Ganz anders hingegen ist es, wenn PsychotherapeutInnen mit profunder Ausbildung und langjähriger Berufserfahrung auf die Fragen und Probleme von Menschen eingehen, die in Not sind, den Schritt in eine psychologische Beratung oder Behandlung aber noch nicht getan haben und sich durch ihre Fragen vorsichtig an die sie belastenden Probleme herantasten. Es ist ein grosses Verdienst des Asanger-Verlags, die Stellungnahmen, die eine AutorInnengruppe des Verbandes der PsychotherapeutInnen beider Basel (VPB) im Verlauf mehrerer Jahre für die bz, eine Zeitung für die Region Basel, verfasst hat, nun in Form eines Buches herauszugeben.

Ich selbst habe als Abonnent der bz die Analysen und Beratungsvorschläge immer wieder mit Gewinn gelesen. Dabei habe ich bewundert, wie es den AutorInnen gelungen ist, aus den wenigen Angaben, welche die Ratsuchenden ihnen geliefert haben, das Wesentliche herauszuspüren, die zentralen Punkte in prägnanter Weise zusammenzufassen und in allgemein verständlicher Weise konkrete Antworten zu geben, die klar, aber nie direktiv waren.

Das Besondere an dieser Art psychologischer Tätigkeit ist, dass es zwar um die Beantwortung ganz persönlicher Fragen geht. Doch sind es letztlich Probleme, die viele Menschen beschäftigen. Deshalb ist auch das vorliegende Buch eine Auseinandersetzung mit Fragen, denen sich viele Menschen gegenübersehen. Das Spektrum reicht von Beziehungskonflikten über Erziehungsfragen, Problemen bei der Bewältigung von Trennungen und Verlusten bis hin zur Auseinandersetzung mit der eigenen Endlichkeit.

Ich bin überzeugt, dass die Stellungnahmen der AutorInnen manchen Ratsuchenden mit schwerwiegenden Problemen den Weg in eine Psychotherapie öffnen werden, in der sie sich dann intensiver damit auseinandersetzen können. Aber auch für Menschen, die in ihrem Leben keinen speziellen Belastungen ausgesetzt sind, erweisen sich die in diesem Buch zusammengestellten Beispiele als hilfreich. Die in den Fragen angesprochenen Themen können bei den LeserInnen eine intensivere innere Auseinandersetzung anregen, sie können aber auch Anlass für Diskussionen im Familien- und Freundeskreis sein.

Ich wünsche diesem anregenden, informativen Buch viel Erfolg.

Prof. Dr. Udo Rauchfleisch, Basel

Dünger fürs Selbstbewusstsein

Peter Schwob

Unser Sohn Max ist 13 und muss in der Schule einen Vortrag halten. Es stinkt ihm, und so greife ich ihm unter die Arme. Mein Mann sagt nun, ich solle mich da raushalten, es sei Max' Vortrag. Aber es ist doch meine Verantwortung, dass er seine Arbeit gut macht, oder? Ausserdem habe ich Zeit, im Gegensatz zu meinem Mann.

Nein, das sehe ich nicht so: Der Vortrag liegt nicht in Ihrer Verantwortung, sondern in der von Max. Er muss sich dabei mit Verschiedenem auseinandersetzen: Thema, Fakten-Beschaffung, Zuhörende, Anforderungen des Lehrers, Sprache – und vielleicht am meisten mit dem, was Sie «stinken» nennen (ist es eher Widerstand, eher Angst, nicht zu genügen, oder was sonst?). An allem lernt er etwas – wenn Sie zu viel für ihn tun, lernt er nichts (wie ich keine Muskeln aufbaue, wenn mein Trainer mir die Hanteln lüpft). Ich denke, Ihre Verantwortung ist nicht, dass Max einen guten Vortrag hält, sondern dass er selber Verantwortung dafür übernimmt. Auch dafür, mit Ihnen und Ihrem Mann im Vorfeld zu besprechen, was genau er wirklich von Ihnen braucht und was er durchaus selber liefern kann.

Was ich gut verstehe, ist, dass Sie Max Frust ersparen wollen. Für den Moment nützen Sie ihm so ja durchaus — auf die Dauer aber schwächen Sie ihn. Zudem kann er dann nicht stolz sein, weil der Vortrag nicht wirklich von ihm ist. Und Stolz auf das, was man selber erarbeitet und bewältigt hat, ist der beste, wenn nicht der einzige Dünger fürs Selbstbewusstsein.

Hinter Ihrer Bemerkung, Sie hätten Zeit, Ihr Mann nicht, höre ich leise noch zwei andere Themen. Es könnte sein, dass Sie, seitdem Max selbstständiger ist, vermehrt freie Zeit, aber noch kein neues Ziel dafür gefunden haben.

Gibt es Interessen, die Sie die letzten Jahre zugunsten der Familie zurückgestellt haben? Dann gäbe es jetzt Raum, sie wiederzubeleben oder neue zu erproben: Eine Sprache lernen, in einem Verein mitmachen, sich weiterbilden. Und: Vielleicht beschreiben Sie ein Ungleichgewicht im Engagement: Leben Sie in der Familie, Ihr Mann ausserhalb? Dann wäre es gut, ihn darauf anzusprechen, dass Sie etwas vermissen. Möglich, dass auch er etwas vermisst, sich ausgeschlossen fühlt und sich deshalb umso mehr draussen engagiert.

Dass Ihr Mann in Ihre Beziehung mit Max eingreift, ist zwar unbequem, aber es gefällt mir. Mütter haben zu Beginn, wenn's gut läuft, eine ungeheuer grosse Nähe zu ihren Kindern: Das Baby ist für sein Überleben darauf angewiesen, dass die Mutter es versteht – auch das, was es nicht ausdrücken kann. Später braucht, erträgt und sucht es mehr Abstand, und zu dieser Entwicklung kann der Vater viel beitragen, weil er eine andere Sprache spricht, im Kind jemand anderen sieht. Natürlich fühlt es sich für die Mutter bedrohlich an, wenn der Vater sie infrage stellt. Aber bestenfalls, wenn die beiden Erwachsenen miteinander über ihr Kind sprechen, sehen sie es «stereo», nehmen mehr Facetten seiner Wirklichkeit wahr.

Kann gut sein, dass das jetzt gerade schon so geschieht: Dass Sie eher den kleinen Jungen sehen, der Sie braucht, Ihr Mann eher den grossen, der allein mit etwas Schwierigem zurechtkommt. Dann finden Sie vielleicht, wenn Sie zu dritt miteinander reden, eine dritte Lösung, die beides berücksichtigt und Max neue Wege eröffnet – Wege in die Pubertät. Etwa, dass er sich mit einzelnen Fragen zum Vortrag an Sie oder den Vater wendet, dieser aber mit Max ein anderes, gemeinsames Projekt in Angriff nimmt, während Sie sich zeitweise etwas Neuem zuwenden.

Geben Sie Ihr Intimleben nicht auf

Susann Ziegler

Mein Mann und ich sind beide 53 Jahre alt, seit bald 30 Jahren verheiratet und haben 2 erwachsene Kinder. Unsere Ehe und unser Familienleben würde ich als gut bezeichnen, wenn nur das Intimleben anders wäre: Seit Jahren verweigere ich meinem Mann den sexuellen Kontakt. Es ist für mich eine Art Blockade. Ich liebe ihn, lasse ihn aber nicht an mich herankommen, obwohl er sehr gerne mit mir zusammen sein möchte und zudem sehr einfühlsam ist. Ich kann aber gegen meine Blockade nichts tun.

Vielleicht doch! Sie haben mit diesem Brief bereits etwas Entscheidendes getan, indem Sie Ihrem Schwanken zwischen Hoffnung und Resignation eine Richtung gegeben haben. Sexualität ist ein Thema, das man nicht gerne mit fremden Leuten bespricht; das Intimleben ist eben wirklich intim und sollte entsprechend geschützt werden. Dennoch lohnt es sich, Sorgen auf diesem Gebiet zu bereinigen. Es gibt kaum eine andere menschliche Ausdrucksform, in der physisches und psychisches Erleben so dicht verknüpft sind wie in der Sexualität. Hier kommen Feinheiten des Seelischen zum Ausdruck, die sich zwar der Machbarkeit entziehen, deswegen aber doch weder unveränderlich sind noch zur Resignation verleiten müssen.

Ihre Haltung «ich kann nichts tun» kommt vielleicht daher, dass Sie offenbar schon seit Jahren mit dieser immer mehr oder weniger vorhandenen Unzufriedenheit leben und sich auch damit eingerichtet haben. Deshalb ist es wichtig, Hilfe bei einer Fachperson zu holen – das vermindert die Gefahr, wieder in den alten Trott zurückzufallen. Ich möchte hier stichwortartig ein paar Fragen und Themen erwähnen, die eine Fachperson mit Ihnen zusammen im Zweier- und danach vielleicht im Dreiergespräch wohl erörtern würde:

- Einstimmung: Die Pflege einer sexuellen Beziehung braucht Zeit und Aufwand. Manchmal muss man eine emotionale Stimmung schaffen. Was bringt Sie in Stimmung? Was explizit nicht?
- Humor: Getrauen Sie sich, über sexuelle Vorgänge und Handlungen auch zu schmunzeln? Sind Sie manchmal spielerisch, oder wünschen Sie es sich vom Partner?
- Bedürfnisse und Erwartungen: Was für ein Intimleben stellen Sie sich vor? Welche Bedürfnisse haben Sie, was haben Sie schon mal ausgesprochen? Und warum nicht? Wie weit decken sich Bedürfnisse und Vorstellungen? Haben Sie auch eine «perverse» Seite?
- Erfahrungen: Wie haben Sie Ihre Einstellung zur Sexualität gewonnen? Wie und wodurch hat sie sich verändert?
- Empfindungen: Was bedeutet Ihnen Ihr Körper? Schauen Sie sich gerne an? Geniessen Sie Ihre eigenen Berührungen? Welche Gefühle treten auf, wenn Sie Nähe und Zärtlichkeit zulassen? Welche Empfindungen hatten Sie früher, am Anfang Ihrer Partnerschaft, mit Ihrem Mann?
- Verweigerung: Wie ist in Ihrer Beziehung die Macht verteilt? Verweigerung ist eine passive Form von Macht. Können Sie damit eine bestimmte Position aufrecht halten, ein Gleichgewicht herstellen? Könnte das Wort Blockade für eine Form von Verweigerung stehen, für die Sie nicht die Verantwortung übernehmen mögen, sondern die einem «passiert» und wofür man nicht belangt werden kann?
- Auseinandersetzung: Wie äussern Sie bei anderen Themen Unwillen, Ärger, Wut? Wie führen Sie Streit, und wie kommt es jeweils wieder zur Versöhnung? Oft besteht die Meinung, gute Sexualität könne nur bei grosser Harmonie zwischen Partnern entstehen. Zu viel Harmonie kann aber auch erstickend wirken.

Diebstahl in den eigenen vier Wänden

Sabine Brunner

Per Zufall habe ich entdeckt, dass mein 11-jähriger Sohn mir hundert Franken gestohlen hat. Ich bin sehr wütend und auch enttäuscht von ihm und weiss nicht, was zu tun ist. Da ich mich vor einem halben Jahr von meinem Mann (seinem Vater) getrennt habe, weiss ich auch nicht, mit wem ich darüber reden soll. Können Sie mir helfen?

Hundert Franken sind viel, das ist etwas anderes, als verbotene Süssigkeiten zu stehlen – ich kann Ihren Ärger und Ihre Enttäuschung nachvollziehen. Sicherlich möchten Sie Ihrem Sohn klarmachen, dass das keinesfalls wieder passieren darf. Er darf weder Ihnen noch andern Menschen Geld wegnehmen! Umso besser, dass Sie sich Rat holen.

Wenn Kinder ihre Eltern bestehlen, dann geht Vertrauen in die Brüche. Vertrauen, dass das Kind (Besitz-)Grenzen respektiert. Vertrauen, dass man im eigenen Zuhause sein Geld nicht schützen muss. Für ein Kind ist es zwar naheliegend und einfach, seine Eltern zu beklauen, weil ihr Geld meist leicht zugänglich ist. Dennoch passiert das nicht ständig. Kinder im Alter von elf Jahren haben durchaus funktionierende Moralvorstellungen. Und wenn auch das Wegnehmen kleiner Dinge noch als Kavaliersdelikt gelten mag, so fallen hundert Franken sicher nicht mehr darunter.

Weshalb nun hat Ihr Sohn Sie bestohlen? Es gibt immer Gründe, Geld haben zu wollen, etwa Geldnotstand oder ein begehrtes Spiel. Aber wenn Kinder ihren Eltern Geld nehmen, schwingt auch ein Beziehungsaspekt mit. Das gegenseitige Vertrauen wird durchbrochen und vom Kind ersetzt durch etwas in der Art: «Ich nehme mir nun, was meine Mutter, mein Vater mir nicht gibt, was ich aber haben möchte und irgendwie auch zugute habe!» Es versucht also, einen erlebten Mangel gutzumachen. Was könnte es nun sein, was Ihrem Sohn in seiner Wahrnehmung zurzeit von Ihrer Seite fehlt? Wirft er Ihnen vielleicht vor, ihm die intakte Familie, den Vater weggenommen zu haben? Oder haben Sie im Augenblick wenig Zeit und Verständnis für ihn? Gibt es andere mögliche Gründe? Es ist wichtig, sie zu verstehen, damit man darauf eingehen kann und beim Kind nicht einfach das Symptom Stehlen bekämpft.

Wenn wir uns also überlegen, wie Ihr Sohn die Tat wiedergutmachen kann, geht es gleichzeitig darum, ihm klarzumachen, dass Sie seine Beziehungsbotschaft erhalten haben. Nicht genügend erscheint mir deshalb, einfach auf einer Rückzahlung zu bestehen – da steht nur das Geld im Fokus. Als unpassend erachte ich auch Strafen wie etwa Hausarrest oder das Streichen von Fernsehzeit. Das würde sein Gefühl «mir fehlt etwas, was mir zusteht» noch verstärken.

Ich schlage deshalb ein mehrstufiges Vorgehen vor. Zum einen soll Ihr Sohn Ihre Wut und Ihre Enttäuschung mitbekommen. Das geht am besten über Worte und Erklärungen. Dann muss die finanzielle Seite in Ordnung gebracht werden, und da ist es – vor allem wenn das Geld bereits ausgegeben ist – gut, eine verträgliche Lösung zu finden. Zusätzlich dazu sollte nun eine Aufgabe für Ihren Sohn installiert werden, die der Wiedergutmachung dient, aber gleichzeitig auch den Beziehungsaspekt berücksichtigt. Je nachdem, was Sie bei Ihrem Sohn an Gründen verstanden haben, kann das sehr unterschiedlich sein. Braucht Ihr Sohn mehr Aufmerksamkeit, mehr Familiengefühl, mehr Verantwortung? Passen Sie die Aufgabe Ihren Überlegungen an und suchen Sie kreativ nach Ideen! Wichtig ist, dass die Aufgabe Ihrem Sohn neue Erfahrungen ermöglicht, das Mangelgefühl auflöst und zugleich Ihre Beziehung wieder kittet.

Mit meinem Körper mache ich, was ich will

Gisela Zeller-Steinbrich

Meine Tochter (15 Jahre alt) will sich ein grosses, buntes Tattoo stechen lassen. Ich finde das geschmacklos und vulgär. Sie sagt, alle machten das und sie könne mit ihrem Körper machen, was sie will, er gehöre ihr. Ich fürchte aber, dass ihr später im Beruf Nachteile daraus erwachsen könnten.

Das erste Argument Ihrer Tochter dürfen Sie vergessen: «Alle machen das» ist das übliche Druckmittel gegen widerspenstige Eltern. Sie können Ihrer Tochter sagen, dass Sie dafür verantwortlich sind, dass sie nicht Dinge tut, die ihr schaden und später leidtun könnten. Sie können Ihr Einverständnis, das normalerweise bis 18 Jahre erforderlich ist, verweigern, und natürlich auch eine Beteiligung an den Kosten. Aber mit Tattoos ist es ähnlich wie mit Drogen: absolutes Verhindern geht kaum, Aufklären über die Risiken aber schon. Sinnvoller ist also, das Gespräch zu suchen. Ihre Tochter hat recht, ihr Körper gehört ihr. Ohne Einschränkung machen, was sie will, kann sie allerdings (noch) nicht. Und recht zu haben bedeutet ja auch nicht das Ende jeder Diskussion.

Lackieren Sie sich die Nägel? Färben Sie sich die Haare? Haben Sie sich Ohrlöcher stechen lassen? An diesen Beispielen lässt sich erklären, dass es reversible und irreversible Veränderungen am eigenen Körper gibt, auffallende und solche, die privat und diskret bleiben, oberflächliche und körperverletzende, solche, die im Lauf der Zeit verschwinden, und solche, die immer bleiben, auch wenn sie sich, wie ein Tattoo, bei veränderten Körperkonturen mit den Jahren verzerren können. Beim Stechen gibt es Entzündungen, unter Umständen sogar Narben. Schädigende Wirkungen der Tinte auf den Körper sind möglich.

Anderseits: Das elterliche Geschmacksargument zieht nicht. Wenn Jugendliche sich die Haare grün färben oder im Grunge-Stil zurechtmachen, empfehle ich Grosszügigkeit. Stilfragen sind Identitätsfragen, und hier kann man ausprobieren und spielen. Oft geht es um Zugehörigkeit zu einer Gruppe, wie ja auch immer schon bei den Tattoos: Maori, Seeleute, Knastbrüder oder eine Gruppe Freundinnen, die es den Promis gleichtun wollen. Oder möchte Ihre Tochter in eine neue Haut schlüpfen, weil ihr nicht wohl ist in der eigenen? Meint sie, das sei nur mit ganz konkreten und schmerzhaften Häutungserfahrungen möglich? Ein Tattoo-Studio in der Nähe nennt sich nicht zufällig «Second Skin». Ist es eine Mutprobe in der Gruppe? Oder geht es eher darum, sich von Ihnen zu lösen, nicht mehr die stilgerechte Tochter aus gutem Hause zu sein, sondern sich von einer «bürgerlichen» Mutter zu unterscheiden? Adoleszente heute haben oft Eltern, die einen sehr jugendlichen Stil pflegen. Da ist Abgrenzung nicht einfach.

Solange solche Fragen nicht beantwortet sind und keine Abwägung der Handlungsfolgen mit Ihrer Tochter erfolgt ist, lohnt sich die Auseinandersetzung. Wären ein gutes Fake-Tattoo wie bei der Schauspielerei oder ein Henna-Tattoo, das vergeht, ein Kompromiss? Think before you ink. Tätowieren ist immer auch eine Körperverletzung.

Von der rituellen Tätowierung über die Body Art erwachsener Künstler bis hin zu suchtartigem Tätowieren, das Krankheitswert hat und dazu dient, ein seelisches Leiden nicht spürbar werden zu lassen: Die Spannbreite möglicher Bedeutungen ist gross. Ein Tattoo ist kein Schmuckstück wie ein Freundschaftsring, den man wieder ablegen kann. Eine Garantie für völliges Entfernen gibt es nicht. Es ist keine Spielerei. Es will sehr ernst genommen sein – wie die Heranwachsenden selbst.

Sie haben das Recht, auch einmal Nein zu sagen

Birgit Milz

Seit der Geburt meines Sohnes vor drei Jahren fühle ich mich immer wieder sehr erschöpft und komme mit meinem sehr willensstarken, häufig schreienden Liebling regelmässig an meine Grenzen. Ich bin 30 Jahre alt und verheiratet.

Es freut mich sehr zu lesen, dass Sie von Ihrem kleinen «Liebling» schreiben. Es freut mich darum, weil ich darin zu lesen glaube, dass Sie Ihren Sohn sehr gerne haben, mitsamt seiner Ausdrucksstärke, auch wenn diese für Sie immer wieder eine Herausforderung darstellt. Sie schreiben auch, dass Sie selbst sich immer wieder sehr erschöpft fühlen seit der Geburt des Kindes. Mutter resp. Eltern zu werden ist eine grosse Veränderung im Leben, für alle Beteiligten. Nichts ist mehr wie vorher und manches vielleicht auch nicht so, wie man sich das vorgestellt oder erträumt hat noch während der Schwangerschaft. Und je nachdem, wie der Start war, können schon der andauernde Schlafmangel und die wenige Zeit, die für einen selbst und für das Leben als Paar frei bleibt, sehr kräftezehrend sein. Ganz abgesehen davon, dass es auch noch berufliche Anforderungen gibt, die bestehen bleiben oder auf die verzichtet werden muss: Beides kann ebenfalls Anstrengung bedeuten und muss vom Paar neu ausgehandelt werden, und es gibt nicht immer sofort eine für alle befriedigende Lösung.

Und last but not least haben wir in dem Alter, in dem wir Eltern werden, ja bereits eine lange eigene Geschichte mit guten und weniger guten Erlebnissen. Unsere Erfahrungen mit unserer Herkunftsfamilie werden aktiviert, wenn wir selbst Kinder bekommen: Das kann ein hilfreicher Fundus sein für die neue Rolle, aber auch alte Gespenster aufwecken, die wir lange vergessen hatten, die jetzt aber unsere Handlungs- und Beziehungsfähigkeit als Eltern einschränken können.

Das alles hat zunächst mit Ihrem Sohn als Person gar nichts zu tun, aber es bestimmt den Rahmen, in dem er aufwächst. Kinder in diesem Alter sind begierig darauf, Neues zu lernen und Gelerntes selbst tun zu können. Manchmal gelingt das gut, manchmal weniger, und beides kann auf der Gefühlsebene schwierig sein für das Kind. Gross zu sein, kann sich durchaus unheimlich anfühlen, weil man in dem Alter auch gerne mal wieder Baby sein will. Das ist emotional ein grosser Spagat, den es zu bewältigen gilt und der schnell zu Wutausbrüchen führen kann, wenn die Mama einem die Socken anziehen will, obwohl man das schon selber kann, oder wenn sie es nicht tut, obwohl man es heute grad gar nicht kann und dringend Hilfe bräuchte. Das kann bei ausdrucksstarken Kindern schnell ein Geschrei geben, und dann ist es aus der Erwachsenen-Perspektive nicht immer einfach, zu erkennen, was gerade notwendig ist. Dennoch haben grundsätzlich Sie die Führung und auch das Recht, einmal Nein zu sagen, wenn es Ihnen zu viel wird. Sie sehen: Sie stecken da gerade in einer für viele Eltern anspruchsvollen Entwicklungsphase mit Ihrem kleinen Liebling. Zum Glück sind Sie damit nicht allein: Bestenfalls ist der Vater des Kindes an Ihrer Seite, was gegenseitige Entlastung ermöglicht, manchmal auch von eigenen Ansprüchen.

Scheuen Sie sich nicht, persönliche Hilfe in Anspruch zu nehmen, wenn sich die Situation für Sie nicht befriedigend verändern lässt. Es ist nützlich, mehr Menschen in die Entwicklungs-Begleitung einzubinden – das meint auch das afrikanische Sprichwort: Um ein Kind grosszuziehen, braucht es ein ganzes Dorf.

Terror. Und ich?

Jörg Hirsch

Ich bin völlig verunsichert durch die Terrorschlagzeilen der letzten Monate. Ich weiss nicht, wie ich damit umgehen kann. Mein Mann versucht, mich zu beruhigen, aber das hilft mir nicht.

Ganz viele Menschen fühlen sich verunsichert. Und das ist wohl genau das, was die Terroristen wollen. Ihre Frage spricht mich auf verschiedenen Ebenen an: Ich höre zum einen die Bedrohung, dann Ihre Reaktion darauf: als äusseres und inneres Verhalten. Und dann passiert auch noch etwas zwischen Ihnen und Ihrem Mann.

Was geschieht in uns, wenn wir dem Terror gegenüberstehen? Zuerst wird wohl Betroffenheit und Fassungslosigkeit als Reaktion spürbar. Das Bewusstsein, dass es nicht bei uns vor der Tür passiert ist, hilft ein wenig, doch schon morgen könnte es auch hier sein. Dann kommt ohnmächtige Wut auf, die in der Folge zu Fantasien führt, in denen wir mächtig statt ohnmächtig sind, die Aggression mit Gegenaggression beantworten. So ist man siegreich, ein Held, zumindest in der Fantasie. Wenn man dieses Muster in sich erkennt, hat man die Wahl, sich damit zu identifizieren oder aber nicht. In letzterem Fall bricht man, vielleicht beschämt, den Tagtraum ab und kehrt wieder zur Betroffenheit zurück. Dann taucht Mitgefühl mit den Opfern auf, erschütternde Szenen können vor dem geistigen Auge entstehen, man versucht sich hineinzufühlen. Aber wie unterscheide ich in mir Mitleid von Mitgefühl? Mitleiden macht es nicht besser, aus dem Mitgefühl heraus kann man handeln, in Wort und Tat.

Was aber tun mit der Angst? Man kann unterscheiden zwischen der Angst vor einer im Moment bestehenden Gefahr und jener, die entsteht, wenn man sich nur vorstellt, was passieren könnte. Letztere zählt wohl eher zu der Angst, die erwartete oder eingebildete Szenarien behandelt, als ob sie jetzt und real wären. Da hilft es, zu dem zurückzukehren, was jetzt ist, sich wirklich im Jetzt zu spüren, seinen Atem, den Körper. Es gilt, Achtsamkeit in und mit der Gegenwart zu entwickeln, auch wenn man gleich danach wieder von alten Gedankenmustern herausgefordert wird, zurück ins Gestern und Übermorgen. Es ist ein Ringen um die Gegenwart. Die Verunsicherung erzeugt Fantasien, die Angst auslösen, und sie verlangt inneres Gewahrsein und die Bereitschaft, sich auf den inneren Prozess einzulassen. Die andere, die gegenwartsbezogene Angst, kann zur Achtsamkeit und in der Folge zu Bewältigungsstrategien führen. Bei einer tatsächlichen Gefahr sind es die gegebenen Möglichkeiten, die die Handlung bestimmen, sofern man nicht den Kopf verliert.

Nun noch ein Wort zur Reaktion Ihres Partners. Könnte es sein, dass Ihr Mann gute Argumente anführte, warum die tatsächliche Gefahr nicht vorhanden oder gering ist? Und dass Sie sich eher gewünscht hätten, dass er Sie nicht beschwichtigt, sondern Sie in Ihrer Not sieht und ernst nimmt, vielleicht sogar seine eigene zeigt? Dann würde ich Ihnen beiden empfehlen, sich gemeinsam hinzusetzen und sich der jeweils anderen Sichtweise zu öffnen. Er so, dass Sie sich in Ihren Gefühlen gesehen und verstanden fühlen, Sie so, dass Sie bereit sind, seinen Argumenten zu folgen. Novalis, ein romantischer Dichter des ausgehenden 18. Jahrhunderts, drückte es so aus: «Was der Frauen Natur, ist des Mannes Kunst. Was des Mannes Natur, ist der Frauen Kunst.» Vielleicht gibt es ja tatsächlich unterschiedliche Arten, wie die Geschlechter dasselbe Problem angehen. Manchmal können wir voneinander lernen, wenn wir bereit sind, dem anderen zuzuhören.

Mit den Augen des Kindes schauen

Sabine Brunner

Ich bin Vater eines 6-jährigen Mädchens und lebe seit zwei Jahren getrennt von meiner Frau – sie wollte die Trennung. Seit drei Monaten weigert sich meine Tochter, zu mir zu kommen, und ich sehe sie höchstens noch auf dem Spielplatz. Ich glaube, sie wird von ihrer Mutter negativ beeinflusst. Was kann man da tun?

Ja, das sind immer besonders schwierige Situationen, wenn ein Kind sich einem Elternteil verweigert. Übrigens kommt dies nicht nur in getrennten Familien vor. Aber die Wirkung ist meist dramatisch, auch wenn es vom Kind her vielleicht nur eine vorübergehende Haltung ist. Denn als abgelehnter Elternteil fühlt man sich schnell abserviert, zurückgestossen und verletzt. Und man weiss oft nicht einmal genau, wie die Ablehnung zustande gekommen ist. Das Zusammensein mit dem Kind war doch gerade noch so gut! Der Gedanke, dass der andere Elternteil dies bewirkt hat, mit dem notabene vielleicht nicht gerade gut Kirschen essen ist, liegt dann nahe.

Doch diese Erklärung greift in der Regel zu kurz. Meinungen, Einstellungen und Verhalten eines Kindes, also auch eine Verweigerung, entstehen nicht vor einem einzigen Hintergrund, sondern sind Resultate einer vernetzten Familiensituation. Schaut man genau hin, wird es richtig schwierig zu erkennen, wer was bewirkt hat. Und auch wenn man mal eine Wirkung und eine Ursache herausgefiltert zu haben glaubt, stellt sich immer noch die Frage, wer zuerst war: das Ei oder das Huhn.

Wichtig erscheint mir deshalb, ihre Tochter in ihrer Haltung ernst zu nehmen und sich zu fragen, wie die Situation durch ihre Augen aussehen mag: Was alles könnten ihre Gründe sein, weshalb sie zurzeit Schwierigkeiten hat, zu Ihnen zu kommen? Sie werden sehen, wenn man sich erst mal daran macht, findet man einen ganzen Katalog von möglichen Gründen – manche haben eher mit Ihnen, andere eher mit der Mutter, dritte mit den Abläufen, vierte mit Alltagsbedürfnissen Ihres Kindes, fünfte mit einer bestimmten Entwicklungsphase, sechste vielleicht mit einer missglückten Kommunikation oder der gespannten Situation zu tun.

Apropos Kommunikation: Was sagt eigentlich die Mutter zur Verweigerungshaltung ihrer Tochter? Sicherlich hat sie sich auch schon viele Gedanken dazu gemacht, und es wäre wertvoll, davon zu erfahren! Und was die Kommunikation mit Ihrer Tochter betrifft: Kinder benötigen bei der Trennung ihrer Eltern besonders viele ehrliche Erklärungen zur Situation, damit sie sich in all dem Neuen orientieren können. Auch brauchen sie dringend die wörtliche Zusicherung, dass ihre Eltern für sie Eltern bleiben, auch wenn sie getrennt leben. Wie auch immer die Überlegungen zur Sicht Ihrer Tochter ausfallen, sie führen Sie zu den nächsten Schritten: Was braucht Ihre Tochter, damit sie wieder wohlgemut zu Ihnen kommen und bei Ihnen bleiben kann? Was können Sie selbst dazu beitragen, dass Ihre Tochter sich dies erneut zutraut? Und wer kann sonst noch mithelfen?

Möglicherweise kann Ihre Tochter selbst gute Ideen dazu liefern. Der Wiederaufbau des Kontakts zwischen Ihnen sollte jedenfalls sorgfältig und Schritt für Schritt aufgebaut werden. Deshalb sollte vorerst alles Neue als Versuch definiert und zusammen mit Mutter und Tochter ausgewertet werden. Was lief gut, und wo war es noch schwierig? Manchmal helfen auch unkonventionelle Ideen aus der Misere. Keinesfalls darf Ihre Tochter jetzt aber zu viele negative Erfahrungen machen, sonst verstärkt sich ihre Verweigerungshaltung möglicherweise noch.

Ich bin zu dick

Peter Schwob

Ich bin zu dick. Das klingt schrecklich, wenn ich's so schreibe, normalerweise sagt man ja: Ich möchte abnehmen. Aber ich glaube, genau so denken die Leute über mich: Die ist zu dick. Und ich hab's satt, drumherum zu reden. Mein Problem ist: Ich habe mindestens 30 kg zu viel, aber wenn ich hässig oder unzufrieden bin, muss ich etwas essen. Und weil ich das oft bin, wird das nichts mit dem Abnehmen. Was tun?

Auf die Gefahr hin, dass Ihnen das zu nett vorkommt: Sie haben den Schlüssel in der Hand. Sie beschreiben sehr präzise, wie Sie zu den überzähligen Kalorien kommen, und ich höre aus Ihren Zeilen auch, wie wütend Sie die ganze Geschichte macht. Gut möglich, dass noch anderes mitspielt, aber ein paar Elemente sind schon klar: Sie leiden unter Ihrem Gewicht, und Sie wissen, dass Sie es selber verursachen. Sie können aber damit nicht aufhören, weil Sie keinen anderen Ausweg aus der Unzufriedenheit sehen als den, etwas zu essen. Etwas Gutes hat das Essen ja: Sie bestimmen selber darüber, Sie sind auf niemand anderen angewiesen, um Ihre Stimmung wenigstens für den Moment zu verbessern. Ein ungedachter Gedanke dahinter könnte etwa so lauten: «Die anderen sind nicht so zu mir, wie ich es bräuchte, und ich bin wütend auf sie, aber ich kann sie nicht ändern; also tue ich mir selber etwas Gutes, dann brauche ich sie gar nicht. Und nebenbei kann ich etwas mehr Raum einnehmen, Gewicht haben, und ihnen eins auswischen».

Das gäbe Ihnen eine Zeit lang ein tröstliches Gefühl der Sattheit und Unabhängigkeit, auch des fantasierten Triumphes; erst später würden Sie sich unwohl fühlen in Ihrer Haut, aber dann wäre es schon zu spät, und Sie wären erst recht wütend auf die anderen und auf sich. Und wenn dann noch etwas Neues dazukäme, was schiefläuft, läge der Griff zum Essen erneut nahe.

30 kg Übergewicht entstehen nicht in ein paar Wochen. Ich vermute, Sie sind schon lange in so einem Teufelskreis gefangen. Von daher dünkt es mich fraglich, ob Sie ihn allein durchbrechen können – wahrscheinlich brauchen Sie Hilfe von aussen, und zwar nicht Diätberatung, sondern jemanden, der Sie darin begleitet, Ihre Stimmungen und Reaktionen wahrzunehmen. Womit Sie aber auf jeden Fall schon selber beginnen können, ist, jeden Tag genau zu beobachten und für sich aufzuschreiben, was passiert: Wer enttäuscht oder ärgert Sie? Was hätten Sie gebraucht? Können Sie es dem Betreffenden sagen? Wie trösten Sie sich? Wie geht es in Ihnen dann weiter?

Essen und Trinken sind für Säuglinge und kleine Kinder viel mehr als nur Nahrungsaufnahme: Sie schaffen Kontakt, Verbindung, ein Gefühl der Sicherheit, des Lebendig- und Zufriedenseins. Man könnte sagen: Kalorien und Vitamine sind nur der Trägerstoff, eigentlich suchen wir im Essen das Leben. Aber manchmal fühlen sich Mütter angesichts von schwer erträglichen, unverständlichen Stimmungen ihres Babys so allein, unsicher und verzweifelt, dass sie sich nicht trauen, verschiedene Reaktionen auszuprobieren, sondern ihm schnell Brust, Flasche oder Gutzi geben, um es im wörtlichen Sinne zu stillen, still zu machen. Ein solches Kind wird lernen, dass Essen und Trinken die besten Mittel gegen Trauer, Wut, Sehnsucht, Langeweile sind. Diese automatische Verknüpfung später zu lockern und für sich neue Trost- und Befriedigungswege zu entwickeln, braucht ungeheuer viel Geduld und genaues Hinschauen. Wenn das bei Ihnen der Fall ist, können Ihnen Selbstbeobachtung und eine professionelle Begleitung dabei helfen.

Eigentlich geht es mir doch gut

Sabine Brunner

Eigentlich meistere ich (20, weiblich), mein Leben recht gut. Ich habe angefangen zu studieren und jobbe nebenher, wohne in einer WG, meine Eltern unterstützen mich. Aber ich habe verschiedene Probleme, auch wenn man es mir nicht ansieht. Erstens kann ich kaum allein sein. Sobald das so ist, muss ich jemanden anrufen, chatten oder etwas abmachen. Zweitens wache ich in der Nacht oft auf, voller Angst, und kann kaum mehr einschlafen. Zudem befürchte ich, an der Uni zu versagen, und die bevorstehenden Prüfungen versetzen mich in einen totalen Alarmzustand. Ich verstehe das alles nicht und schäme mich für diese komischen Gefühle. Mir geht es doch gut!

Ja, eigentlich geht es Ihnen wirklich gut. Sie studieren, verdienen einen Teil ihres Geldes selbst und haben ein eigenes Zuhause. Und Sie haben Freunde, an die Sie sich wenden können. Das sind Lebensumstände, die längst nicht alle haben. Und so könnten Sie tatsächlich stolz auf Ihr Leben sein und froh, sich in dieser guten Lage zu befinden. Wenn nur diese komischen Gefühle nicht wären.

Denn gute Lebensbedingungen und Fähigkeiten schützen niemanden davor, Widersprüche in sich zu tragen. Auch wenn äusserlich alles in Ordnung ist, kann man innerlich an Gefühlszuständen leiden, für die es vorerst keine Erklärung gibt.

Je nach Lebensphase gilt es manchmal, vieles zur selben Zeit auf die Reihe zu bekommen – so auch in Ihrem Alter. Man muss nicht nur die Berufsausbildung in Angriff nehmen und beenden, sondern auch das Leben autonom gestalten. Nachdem sie sich als Kind und Jugendliche lange auf die Eltern und andere Erwachsene stützen konnte, wird von einer Zwanzigjährigen erwartet, dass sie ihren Alltag selbst meistert – ohne Unterstützung. Auch ist man nun ein vollwertiges Mitglied der Gesellschaft, ausgestattet mit Rechten und Pflichten. Selbstständig zu wohnen, stellt ebenfalls neue Aufgaben, die gemeistert sein wollen. Und dazu kommt noch die Verantwortung für die eigenen Finanzen. Das ist viel aufs Mal und kann schon zu Stress, Angst oder Selbstunsicherheit führen, auch wenn man sich das vielleicht nicht so recht eingestehen mag, weil die neu gewonnene Autonomie etwas so Wunderbares ist!

Wenn wir noch einen Blick auf die Kindheit werfen, die in Ihrem Fall nun hinter Ihnen liegt, so ist es doch so, dass nur wenige Kinderleben ohne Brüche und echt fordernde Momente verlaufen. Oft bewältigen Kinder sie ohne sichtbare Belastungsreaktionen, weil sie sehr fähig darin sind, sich auf die im Augenblick wesentlichen Anforderungen des Lebens zu konzentrieren. Nicht selten kommen jedoch vorerst weggesteckte, verdrängte innere Konflikte später wieder hoch. Und dann ist es erst mal schwer zu verstehen, was mit einem los ist.

Sie selbst können auf bemerkenswert klare Weise ihre schwirigen Gefühle beschreiben und suchen nach Antworten. Das ist eine gute Voraussetzung, um mit sich selbst wieder ins Reine zu kommen. Versuchen Sie zu verstehen, wie die schwierigen Empfindungen entstehen, was die Auslöser sein könnten und was Ihnen hilft, diese zumindest für den Moment zu bewältigen.

Dass Sie sich für Ihre Gefühle schämen, heisst vielleicht, dass Sie gerne anders wären. Stimmt das, müssten Sie cool und easy durchs Leben gehen? Verlangen Sie nicht von sich, dass alles einfach geht – innere Widersprüche gehören zum Leben! Wenn Sie merken, dass Sie sich mit ihren Überlegungen im Kreis drehen, kann Ihnen eine Psychotherapie Unterstützung bieten.

Alles ist schmutzig

Susann Ziegler

Seit meiner Jugend bin ich (m, 22) sehr reinlich, seit letztem Jahr wird es mir langsam zu viel mit all dem Waschen und Putzen. Mittlerweile falle ich auf und ziehe mich deshalb vermehrt zurück. Muss ich jemandem die Hand geben, suche ich schon ganz nervös die nächste Waschgelegenheit, um all die Bakterien wieder loszuwerden. Logisch muss ich mehrere Male seifen, und meine Haut ist schon ganz rissig. Innerlich bin ich dann so beschäftigt mit der Wascherei, die es braucht, dass ich mich nicht auf das Gegenüber konzentrieren kann. Das ist nur ein kleines Beispiel. Ich bin natürlich auch zu Hause hauptsächlich mit der Sauberkeit beschäftigt. Ausgang wäre mir nur eine Qual, und eine Freundin zu finden somit unmöglich. Wenn ich je mit einem meiner wenigen Freunde darüber rede, sagt er, ich sei krank. Langsam glaube ich es auch, denn ich leide wirklich. Ich weiss nicht mehr weiter!

Ihre sehr anschauliche Beschreibung passt zu einer Zwangsstörung, worunter etwa zwei Prozent der Bevölkerung leiden. Bei der spezifischen Form des Waschzwanges werden Sie ohne professionelle Hilfe, das heisst ohne Psychotherapie, kaum weiterkommen. Ihre ausgezeichnete Beobachtungsgabe dürfte dabei sehr hilfreich sein. Zu Recht erschrecken Sie über die Lebens-Einschränkungen, die Sie auf sich nehmen «müssen». Es ist sehr typisch, dass die Zwänge mehr und mehr die Herrschaft über Ihren Alltag gewinnen. Sie haben bereits gewisse Strategien gefunden, um Ihre Rituale verborgen zu halten, allerdings um den Preis des sozialen Rückzugs.

In einer Psychotherapie geht es vorerst darum, wie Sie als junger Mann dieses Symptom so weit in den Griff bekommen, dass Sie wieder am Leben teilhaben können. Als Nächstes gilt es zu verstehen, was für Motive dahinterstehen. Von der Vernunft her ist ja auch Ihnen klar, dass andere Menschen es mit der Hygiene viel lockerer nehmen und dennoch keinen gesundheitlichen Schaden davontragen. Allein mit der Vernunft ist dem also nicht beizukommen.

In einem Zwang können viele Beweggründe verborgen sein: Ganz sicher lenkt er von etwas ab, was Ihnen noch unangenehmer scheint, auch wenn Sie es nicht benennen können. Es handelt sich um eine unbewusste Reaktion, die verschlüsselt daherkommt und deshalb «decodiert» werden muss. Ich nenne Ihnen ein paar Beispiele: Abwehr sozialer und intimer Kontakte, im speziellen von Sexualität («schmutzige» Gedanken dürfen nicht sein); Aggressionen, die nur in Form eines Zwanges gebunden werden können (Wut, der Sie etwas entgegensetzen, um sie nicht direkt fühlen und äussern zu müssen); Erziehungsmuster, welche die vermeintliche Ohnmacht durch Kontrolle zu überwinden versuchen; Bedürfnis nach Sicherheit und Unversehrtheit etc.

Welche Form von Psychotherapie für Sie geeignet ist, müssen Sie ausprobieren. Konzentrieren Sie sich nicht ausschliesslich auf Ihr Symptom des Zwanges, sondern beziehen Sie Ihre Vergangenheit und Ihren Werdegang mit ein. Es geht ja darum, zu verstehen, warum Sie Ihr Leben gerade auf diese Art meistern. Nebst der Einzeltherapie gibt es in der ganzen Schweiz Selbsthilfegruppen zu diesem Thema, wo Sie mit Gleichbetroffenen Erfahrungen austauschen können. Mit einer Behandlung empfehle ich Ihnen baldmöglichst zu beginnen. Die sozialen Folgen spüren Sie ja bereits: Ausgegrenzt werden und sich selbst ausgrenzen. Ihr Leidensdruck dürfte es Ihnen erleichtern, dranzugehen.

Der Weihnachtsbaum stand am falschen Ort

Peter Schwob

Leider war unser Weihnachtsfest nicht schön, obwohl wir uns so darauf gefreut hatten. Mein Mann, meine zwei Kinder (5, 7) und ich besuchten meine Eltern, meine beiden alleinlebenden Geschwister auch; ich half meiner Mutter, wo ich konnte, aber sie war unzufrieden und nörgelte an allem herum. Die Kinder waren unruhig, und schliesslich hatten mein Mann und ich auch noch Krach. Was hätten wir anders machen sollen? Aber jetzt ist es eh zu spät.

Im Gegenteil: Jetzt ist der beste Moment! Bald ist wieder Weihnachten, und ich vermute, in Ihrer Familie stehen ein paar wichtige Schritte an, die Zeit brauchen. Zudem erinnern sich jetzt alle noch gut an das, was war. Was Sie beschreiben, ist häufig: Viele Familien führen das weiter, was einmal gut war (oder möchten endlich das verbessern, was nicht gut war), und vergessen dabei, was sich alles geändert hat.

Bei Ihnen sind offenbar alle Geschwister erwachsen und ausgezogen; Sie selbst haben sogar eigene Kinder. Trotzdem empfinden sich die Grosseltern noch immer als Zentrum der Familie, und die mittlere Generation akzeptiert das oder möchte es jedenfalls nicht ändern – sei es, um den Grosseltern nicht das Gefühl zu geben, sie seien nicht mehr wichtig, sei es aus dem Wunsch, etwas Unfertiges zu vollenden, oder aus der Scheu, die Last selber zu schultern. Trotzdem spüren mehrere Familienmitglieder, dass etwas nicht stimmt, und sind unzufrieden. Und am Schluss hängt alles an Ihnen, auch wenn Sie scheinbar nur ein Gast unter vielen sind.

Mein Vorschlag: Bringen Sie innere und äussere Realität in Übereinstimmung, suchen Sie mit Ihrer Familie zusammen nach einer neuen Form zu feiern. Der Weihnachtsbaum gehört in Ihre Stube, finde ich – erklären Sie sich jetzt zum Zentrum der Familie! Wenn Ihre Geschwister später auch Kinder haben, braucht es eine Abmachung, wer wann dran ist. Dann, wenn Sie und Ihr Mann Gastgeber sind, können Sie zusammen entscheiden, was wie läuft. Das alles ist leichter gesagt als getan; da passt es gut, dass Sie fast ein Jahr Zeit haben.

Erwachsen zu werden und sich auf die eigenen Füsse zu stellen, ist ein mühsames Geschäft; weder mit einem bestimmten Geburtstag noch mit einer Ausbildung, dem Ausziehen oder Heiraten ist es getan. Und die ältere, zurückbleibende Generation hat es auch nicht leichter: So viel hat sie jahrelang in den Nestbau investiert, und jetzt soll plötzlich alles vorbei sein? Kein Wunder, halten alle Beteiligten lieber am Alten fest. Aber es hilft nichts: Die Verantwortung muss neu verteilt werden. Über manches, was nicht gut gelaufen ist, kann man bloss traurig sein, nicht mehr auf seine Erfüllung warten. Das gibt allen die Chance, sich gegenseitig neu kennenlernen: So, wie sie jetzt sind, nicht so, wie sie vielleicht früher waren. Ich glaube, es sind diese Akte von Abschied und Verzicht, andersherum: das Gefühl, noch etwas zugute zu haben, die das Erwachsenwerden so schwer machen und einen dazu verleiten können, es hinauszuschieben.

Das gilt natürlich umso stärker, je mehr Mangel man in der Familie erlebt hat. Oft tritt er leise ein, für Aussenstehende kaum wahrnehmbar: Etwa wenn die Eltern zu sehr von eigenen Sorgen beansprucht sind, die Kinder zu viel Verantwortung für die Eltern tragen oder alle sich ständig zusammennehmen, weil sie Angst haben vor der Wut der andern. Trifft etwas davon auf Sie zu? Ich habe aus Ihren Zeilen den Eindruck, Sie sind es sehr gewohnt, Ihre Wünsche zurückzustellen.

Bin ich ein Bordi?

Susann Ziegler

In der letzten Zeit geht es mir (w, 16) ziemlich beschissen: Ich finde mich nirgends mehr zurecht, auch mit mir selbst habe ich Mühe. Ich mag mich und mag mich nicht, meistens das Zweite. Irgendwie ist alles gespannt in mir, es zerreisst mich manchmal fast. Meine Mutter (sie ist geschieden) versteht gar nichts, macht nur Mega-Stress mit allem. Sie flippt aus, droht mit Arzt und Psychi, wenn sie einmal meine Brandwunden und Schnitte sieht, die ich aber meist gut mit den Kleidern verdecke. Zudem nörgelt sie dauernd beim Essen und Trinken. Mit meinem Vater habe ich kaum Kontakt, er interessiert sich nicht für mich. Am liebsten würde ich einfach sterben, aber dann habe ich wieder Angst davor – nicht einmal das bringe ich zustande. Meine Freundschaften in der Schule sind intensiv, und bald danach könnte ich alle auf den Mond schiessen. Viele sind ebenso schlecht dran wie ich, aber das hilft mir nicht weiter.

Sie haben offenbar schon einiges gehört und diskutiert über die Diagnose «Borderline-Persönlichkeit». Sie zeichnen ein elendes Bild von sich und sind eindeutig sehr verzweifelt. Da ist es zu begrüssen, wenn Sie sich an jemanden von aussen wenden und über sich und Ihre Gefühle reden können. Ihre innere Spannung bauen Sie offenbar durch Ritzen und Brennen an ihrem Körper ab, aber Sie merken ja selbst, dass dies nur kurzfristig entlastet und dann alles weitergeht wie bis anhin. Abgesehen davon, verunstalten Sie damit Ihren Körper nachhaltig. Und irgendwie spüren Sie auch, dass das Leben deswegen nicht beendet werden muss, auch wenn es Sie manchmal reizt, alles hinter sich zu lassen. Für Notfälle ist es wichtig zu wissen, dass Sie 24 Stunden am Tag die

Gratis-Telefonnummern 143 oder 147 wählen können, wo Sie anonym und sofort Hilfe im Gespräch erhalten.

Längerfristig ist es aber förderlicher, wenn Sie mit der immer gleichen Fachperson über Ihren Zustand reden und mit ihr nach den dahinter liegenden Ursachen suchen und nach Möglichkeiten, die Spannung zu reduzieren. Sie sollen ein Gespür dafür bekommen, wie und wodurch sich eine Krise anbahnt und wie man sich eben nicht hineinsteigert, sondern lernt, entsprechende Situationen zu erkennen und zu meiden – kurz: welches Muster sich abspielt. Rechnen Sie mit einer längerdauernden Psychotherapie, damit Sie die kommende Zeit sinnvoll nutzen können für Ihre persönliche Entwicklung, die infolge Schule, Lehre und Liebesbeziehungen hoch anspruchsvoll ist.

Sollte es sich bei Ihrem Leiden tatsächlich um eine Borderline-Persönlichkeitsstörung handeln, ist eine Psychotherapie das Mittel der Wahl. Mit psychotherapeutischer Hilfe, das heisst zusammen mit jemandem, der stimmungsmässig ausgeglichen ist und sich mit dem Thema auskennt, können Sie sich besser auffangen und über ihr Hin- und Hergerissen-Sein nachdenken. Dazu braucht es klare Abmachungen, in denen geregelt wird, wer wofür verantwortlich ist und was Sie zusammen bearbeiten. Zuerst wird es darum gehen, krisenerzeugendes Verhalten abzubauen. Neue Fertigkeiten werden ihnen helfen, diesen ständigen Stimmungsschwankungen nicht mehr so ausgeliefert zu sein. Mit der Zeit werden Sie gemeinsam die Ursachen von traumatisierenden Erfahrungen und auch Ihre riesigen Ängste verstehen lernen und Verhaltensweisen üben, die Sie entlasten. Damit entlasten sie auch die Beziehungen zu anderen. Dies erfordert zwar eine hohe Motivation, aber es ermöglicht Persönlichkeitsentwicklung und erhöht Ihre Lebensqualität enorm.

Soll ich jetzt reden wie ein Idiot?

Gisela Zeller-Steinbrich

Meine Partnerin ist unerwartet schwanger geworden, und der Kleine ist jetzt bald vier Monate alt. Meine Freundin hat Elternzeit, aber sie will, dass ich mich mehr mit ihm beschäftige. Ich mag unser Baby, aber ich finde, mit so einem kleinen Kind kann man noch nichts anfangen. Sie stillt ihn, und wickeln mag ich ihn nicht. Ich kann doch nicht wie eine alte Tante am Wägelchen stehen und «Tütütü, so-n-e härzigs Buschi» säuseln. Da fühle ich mich ehrlich gesagt wie der letzte Idiot.

Die Vaterrolle ist eine Seite der Männlichkeit, in die hineinzufinden nicht immer leicht ist. Ohne die körperliche und seelische Vorbereitungszeit, die Frauen ja zwangsläufig während der Schwangerschaft haben, kann das Wissen, bald Vater zu werden, abstrakt bleiben, bis das Baby da ist. Und auch dann stellen sich Fragen – so wie Ihre zum Beispiel.

Aber zunächst einmal herzlichen Glückwunsch! Sie waren auf eine Schwangerschaft nicht eingestellt, haben das Kind aber nun offenbar doch willkommen heissen können auf dieser Welt. Könnte es sein, dass Sie Ihr Baby seelisch noch nicht ganz «adoptiert» haben, also doch noch etwas fremdeln in der neuen Situation? Bei Schwangerschaft, Geburt und Stillen erleben sich Väter leicht einmal aussen vor und auch hilflos. Vielleicht fühlen Sie sich nun unter Druck gesetzt in Ihren Empfindungen oder meinen sogar, den Vorsprung aufholen zu müssen, den die Babymutter hat. Aber man könnte es auch so sehen, dass Ihre Partnerin Sie ermuntert, sich stärker ins Spiel zu bringen, damit Sie eine eigenständige Beziehung zu Ihrem Kind aufbauen können.

Wenn wir unbefangen oder unbeobachtet sind, reden wir alle, Erwachsene und Kinder, mit Buschis ein wenig merkwürdig und übertrieben. Und genau das braucht das Baby. Am besonderen, vielleicht übertrieben wirkenden Tonfall merkt es: Jetzt kommt eine Botschaft über seine Verfassung und nicht darüber, wie es uns Erwachsenen geht. Wir mischen oft noch einen anderen Affekt dazu, zum Beispiel Zuversicht. Ist ein Baby gerade unzufrieden oder unglücklich, so wird es ruhiger. Umgekehrt steigern wir uns in eine schon fast theatralische Begeisterung, wenn es dem Kleinen wohl ist. Damit spiegeln wir ihm seine eigene Verfassung und zeigen, dass wir verstanden haben, wie es ihm geht. Das ermöglicht dem Kind, allmählich seine Gefühle zu erfassen und seine anfänglich ungesteuerte Emotionalität selbst mehr und mehr zu modulieren. Neben dem Körperkontakt geben unsere Mimik und unsere sprachliche Reaktion auf sein Befinden dem Baby auch die Sicherheit, gehalten und nicht alleingelassen zu sein – vor allem, wenn unsere Reaktion wiedererkennbar erfolgt und das Kind sich darauf verlassen kann.

Ihr Söhnchen kennt übrigens schon aus seiner geborgenen Zeit im Uterus Ihre Stimme und Ihren Sprechrhythmus. Vielleicht probieren Sie es einmal aus, wenn Sie allein sind und sich unbeobachtet fühlen, und antworten auf die Laute oder die Mimik Ihres Kleinen. Sie werden feststellen, wie hoch aufmerksam er da wird und wie ihm das gefällt. Und wenn Sie sich dazu gar nicht überwinden können: Auch Berührungen und Halten tun ihm gut und fördern die vertrauensvolle Beziehung mit ihm, bis er kräftig genug ist für temperamentvollere Vater-Sohn-Spiele. Wie wäre es denn für den Anfang, wenn Sie das Baby baden? Vielleicht zunächst in Anwesenheit Ihrer Partnerin? Sie werden sehen, das kann allen Beteiligten Spass machen und ist eine bewegende Erfahrung – auch für junge Väter.

Im Winter gehe ich ein

Sabine Brunner

Jeden Winter gehe ich (w, 35) regelrecht ein. Am Anfang des Winters denke ich noch, dass ich das dieses Jahr schaffe, und nehme mir viele gute Vorsätze für den Winter. Aber je länger er dauert, desto schwieriger finde ich es, mit der Kälte und der Dunkelheit umzugehen. Alles stinkt mir, und ich möchte nur noch zu Hause sitzen. Gut, dass es irgendwann wieder Frühling wird!

Gut, dass Sie sich im Frühling wieder erholen, das ist schon mal etwas! Dass Sie den Winter als schwierig empfinden und dabei regelrecht eingehen, teilen Sie mit vielen anderen Menschen, da erzähle ich Ihnen sicher nichts Neues. Dabei handelt es sich um ein ganz grundlegendes und auch natürliches Erleben. Unser Körper benötigt Helligkeit und Wärme. Die fehlen uns im Winter, und das lässt uns auch krankheitsanfällig werden.

Unsere Psyche ist eng verbunden mit dem Körper. Jedes körperliche Erleben löst Gefühle und Stimmungen aus. Umgekehrt bewirken auch Gefühle und psychische Zustände körperliche Veränderungen. Und alles dirigiert gemeinsam unser Verhalten. Wir sind also «Körper-Psyche-Einheiten» und verändern uns in «Körper-Psyche-Kreisläufen», die leider bisweilen zu Teufelskreisen werden. Um zu Ihrem Thema zurückzukehren: Es ist dunkel, wir haben kalt, der Körper zieht sich zusammen, wir fühlen uns draussen unwohl, ziehen uns zu Hause zurück, bekommen zu wenig frische Luft und Bewegung, sind vielleicht auch erkältet, werden lustlos und träge – und ziehen uns noch mehr zurück. Es wird immer schwieriger.

Wie kann man nun einen solchen Teufelskreis durchbrechen? Nicht ganz einfach, denn gewisse Dinge sind ja gegeben. So ist es zur Winterszeit tatsächlich kalt und lange dunkel. Diese Tatsache zu akzeptieren, ist ein erster

Schritt, denke ich. Es gibt diese Jahreszeiten, in denen das Leben etwas schwieriger wird – wenn auch für uns, die wir in komfortablen, trockenen und warmen Häusern mit elektrischem Licht leben, nicht wirklich bedrohlich.

Es erscheint mir deshalb sinnvoll, sich im Winter nicht zu forcieren, sondern den durch die Jahreszeit erzwungenen Rückzug zu bejahen. Lange Winternächte und düstere Tage lassen zu, dass wir uns gründlich ausruhen. Der Rückzug bietet zudem die Möglichkeit, sich selbst wieder einmal richtig zu erleben, sich mit den eigenen Vorlieben und vielleicht auch mit negativeren Seiten der Persönlichkeit zu befassen. Wir können Interessen pflegen, die zu Innenräumen passen, beispielsweise Musik, Kunst und Literatur. Oder wir können der eigenen Fantasie nachgehen und selbst kreativ werden. Ist es nicht spannend, dass in Schweden, wo viel Dunkelheit und Kälte herrscht, eine besonders lebendige Literatur-, Design- und Filmszene besteht?

Um dem Bedürfnis des Körpers nach Luft und Licht dennoch auch im Winter Raum zu geben, ist es notwendig, dass wir uns auch draussen bewegen. Man kann sich warm einpacken, das Gesicht bewusst in den Wind richten und sich für danach eine Einheit Wärme versprechen, etwa in Form einer heissen Dusche oder eines Dampfbad-Besuchs. Oder man macht draussen in der Kälte ein Feuer und kann so gleichzeitig Hitze und Kälte geniessen. Viele überlieferte Winterrituale haben mit dieser Verbindung von Feuer und Kälte, Licht und Dunkelheit zu tun. Einige davon haben wir in unserer Region noch vor uns, etwa den «Chienbäse» oder das «Redli-Schigge».

Und dann kommen ja eben irgendwann Wärme und Helligkeit wieder. Wie sagt man? Eigentlich ist im Februar der Sommer am schönsten!

Mein tief empfundenes Beileid!

Peter Schwob

Meine Mutter ist kürzlich mit 97 gestorben; meine Frau und ich (beide um die 65) haben sie mithilfe einer privaten Spitex bis zum Schluss zu Hause gepflegt. Die letzte Zeit war sehr, sehr belastend mit Demenz und körperlichem Verfall, und wir waren froh, als es überstanden war. So viel Erleichterung und Befreiung, unglaublich! Und dann drücken uns zwei Räumungsfirmen, ein Steinbildhauer und jede Menge Amtsstellen und Versicherungen ihr tief empfundenes Beileid aus, und auch Verwandte und KollegInnen, die es besser wissen könnten, reden von Anteilnahme und Mitgefühl. Das ist doch einfach verlogen. Ich fühlte mich völlig in eine Ecke gedrängt, konnte ja nicht gut sagen, ich sei froh um den Tod. Auf kommerzielle Ansagen konnte ich wenigstens wütend sein – jene vonseiten lieber Bekannter machten mich einfach nur sprachlos. Bin ich überempfindlich?

Ja, ich denke schon, und das ist kein Wunder. Sie haben etwas ungeheuer Belastendes auf sich genommen und durchgestanden, was nicht viele sich zutrauen; haben vermutlich viele Momente des Überdrusses und der Angst ausgehalten, immer wieder mit sich gerungen, ob Sie Ihre Mutter wirklich weiter zu Hause pflegen oder sie doch besser (für sie und sich) in ein Hospiz bringen sollten. Und jetzt sind Sie müde. Dass Ihnen dabei die Trauer abhandengekommen ist oder jedenfalls nicht im Vordergrund steht, leuchtet mir ein. Erst recht in Anbetracht der Demenz: Ihretwegen haben Sie über Jahre hinweg schrittchenweise von Ihrer Mutter Abschied nehmen müssen und konnten sie wohl schon lange nicht mehr als die Person sehen, der Sie vertraut haben, weil sie Sie grossgezogen und begleitet hat.

Ich kann jedenfalls gut nachvollziehen, wie befreit und erleichtert Sie sich fühlen, vielleicht sogar ein wenig stolz auf Ihre Fürsorge, und auch: wie beschämt oder wütend, wenn jemand Sie auf eine Trauer festlegt, die Sie so gar nicht empfinden, die «man» einfach hat. Es kann allerdings gut sein, dass Sie erst mit einigem Abstand merken, dass Sie doch traurig sind oder sich verlassen fühlen. Auch wenn man schon älter ist, kann man seine Eltern noch als Sicherheit und Halt gebend empfinden – und wenn sie sterben, trifft es einen zuinnerst, ungeachtet dessen, dass man real schon lange selbstständig lebt.

Und was ist mit den andern los? Woher kommen die schwülstigen Floskeln von Beileid & Co.? Ich vermute: aus der Hilflosigkeit. Die andern können ja nicht wissen, wie es Ihnen geht, trauen sich oft auch nicht wirklich zu fragen, sind froh, nicht an Ihrer Stelle zu sein. Wahrscheinlich fühlen sie sich unsicher, die richtigen Worte zu finden, wollen nichts falsch machen, Ihnen nicht zu nahetreten, nichts versprechen, und schweigen geht auch nicht. Übrig bleiben dann halt Floskeln: Gut erprobte, von andern übernommene, unpersönliche Redewendungen, die aber beide Seiten allein zurücklassen und keine Verbindung schaffen. Wie wohltuend kann dagegen eine Hand auf dem Arm sein oder ein wirklich ernst gemeintes, öffnendes Sich-Erkundigen!

Eine leise Frage: Könnte es sein, dass sich in Ihrem Ärger über die Floskel-RednerInnen etwas von Ihrer Überforderung in den vergangenen Monaten zeigt? Und vom Wunsch, endlich genau als der gesehen zu werden, der Sie innerlich sind und den Sie so lange beiseiteschieben mussten, um durchhalten zu können? Ich wünsche Ihnen und Ihrer Frau jedenfalls viel Genuss an Ihrer neuen, alten Freiheit!

Unbegründete Angst vor der Psychiatrie

Susann Ziegler

Seit einigen Monaten hat sich unser Sohn (18) total zurückgezogen. Er war noch nie besonders kontaktfreudig, aber jetzt verschliesst er sich auch vor allen Kollegen und uns. Vor zwei Wochen hat er kommentarlos die Lehre abgebrochen und lebt jetzt nur noch in seinem Zimmer. Wir können nicht mehr mit ihm sprechen; er ist misstrauisch, schweigsam, aber auch aufbrausend, wo es niemand versteht. Auf einfache Fragen oder eine Aufforderung hin reagiert er gereizt oder bleibt stumm. Ein Bekannter meint, es handle sich um eine psychische Erkrankung, die dringend eine Abklärung in der psychiatrischen Klinik brauche. Wir haben da gewisse Bedenken: Zu oft ist zu hören, wie man die Menschen dort mit Medikamenten vollstopft. Das wollen wir auf keinen Fall. Aber: wie weiter?

Ihre Bedenken sind insofern verständlich, als es über psychiatrische Kliniken die verschiedensten Informationen gibt. Auch in der Literatur, in Filmen und Stammtisch-Witzen kommen sie nicht gut weg. Darin äussert sich vermutlich die Abwehr gegen das Dunkle und Chaotische aus unserem Innern, das uns alle durcheinanderbringen kann und das in Kliniken manchmal so unverstellt sichtbar ist. Ihren Zweifeln begegnen Sie am besten, indem Sie sich selbst beraten lassen, um ihr Bild von der Psychiatrie auf einen aktuellen Stand zu bringen: In den letzten Jahren hat sich sehr viel zum Guten verändert.

Natürlich sind Sie als Eltern verunsichert und haben Angst um ihn, wenn ihr Sohn sich so verändert. Diese Sorge dürfen sie ihm ruhig mitteilen – nicht als Vorwurf, sondern mit der Information, dass Sie sich um Hilfe bemühen werden. Für eine vertiefte Abklärung, wie man ihm helfen könnte, empfehle ich als Erstes Gespräche, sei es beim Hausarzt, dem ihr Sohn vielleicht vertraut, oder bei einer Psychiaterin, einem psychologischen Psychotherapeuten oder in einer spezialisierten Institution (psychiatrische Poliklinik). Falls Ihr Sohn zu einem solchen Schritt bereit ist, besteht die Möglichkeit, dass er dort einen Gesprächspartner findet, bei dem er eher bereit ist, sich zu öffnen und auf die Beweggründe seines Handelns und Fühlens einzugehen. So kann man mit ihm zusammen eine Lösung suchen. Wahrscheinlich werden Sie zu einem Gespräch zugezogen. Es ist aber auch möglich, dass dies erst später passiert. Denn es kann sein, dass es für den Aufbau einer Vertrauensbeziehung zwischen Ihrem Sohn und der Fachperson gerade wichtig ist, Sie für den ersten Moment auszuschliessen, auch wenn Sie ihn bis anhin am besten kennen.

Nach dem, wie Sie den Zustand Ihres Sohnes beschreiben, könnte ein stationärer Aufenthalt in einer psychiatrischen Klinik hilfreich sein. Zu ihren Bedenken betreffend Medikation in der Psychiatrie: Ausser in einer akuten Gefährdungssituation werden ihm keine Medikamente ohne seine Zustimmung verabreicht. Er wird über deren Wirkungen und Nebenwirkungen sehr genau aufgeklärt und er hat das Recht, die Einnahme zu verweigern. Die Patientenrechte sind gesetzlich genau festgelegt, und niemand ist heute einer Klinik ausgeliefert.

Sie als Eltern sind in dieser schwierigen Situation ebenfalls nicht alleingelassen: Die Kliniken arbeiten eng mit den Angehörigen zusammen, und Sie dürfen und sollen auch von sich aus das Gespräch mit den Fachleuten suchen. Zudem haben Sie die Möglichkeit, Ihre persönlichen Sorgen in einer Selbsthilfegruppe zu besprechen, wo Sie auf Eltern mit ähnlichen Problemen treffen, sodass Sie grosse Unterstützung erleben können.

Wie komme ich da wieder raus?

Thomas Kern

Ich (22, weiblich) fahre jeden Tag mit dem Zug zur Arbeit. Regelmässig setzt sich ein Mann, der in einer Behinderten-Werkstatt arbeitet, zu mir und beginnt mit mir zu reden. Anfangs fand ich das noch ganz nett und ich bin auf das, was er mir erzählte, eingegangen. Mit der Zeit aber wurde er immer aufdringlicher, und neulich machte er mir sogar einen Heiratsantrag. Meine Eltern und meine Freundinnen raten mir, ich solle ihm sagen, dass ich nichts mehr mit ihm zu tun haben will. Aber er hat in seinem Leben schon so viel durchgemacht, da kann ich ihn doch nicht auch noch verletzen, oder?

Sie sind offenbar eine junge Frau, der das Schicksal anderer Menschen nicht egal ist. Es gibt viele einsame Menschen, denen es sehr guttut, mit anderen im öffentlichen Raum in Kontakt zu kommen. Ich finde es deshalb schön von Ihnen, dass Sie sich auf ein Gespräch mit diesem Mann eingelassen haben. Sie haben allerdings auch ein Recht auf Ihre Privatsphäre, und dieses respektiert er offensichtlich immer weniger.

Möglicherweise haben Sie ihm nicht rechtzeitig oder nicht eindeutig genug Ihre Grenzen aufgezeigt. Vielleicht wollte er diese aber auch gar nicht wahrhaben und hat sie einfach ignoriert. Eventuell hat er sich in seiner Phantasie ausgemalt, dass Sie sich ebenfalls eine nähere Beziehung zu ihm wünschen. Das Resultat jedenfalls ist, dass Sie in eine sehr unangenehme Situation geraten sind, in der Sie kaum mehr anders können, als ihm gegenüber deutlich zu machen, wie Sie zu ihm stehen. Das Mitleid, das Sie wegen seiner Behinderung und seines Schicksals für ihn empfinden, sollten Sie dabei etwas in den Hintergrund stellen; es geht nun ausschliesslich um Ihren berechtigten Wunsch nach genügend Privatsphäre.

Es ist nämlich eine völlig normale Reaktion, dass wir uns unwohl fühlen, wenn uns jemand gegen unseren Willen zu nahekommt. Meistens sind es Empfindungen wie Unsicherheit, Anspannung, Ärger, Wut, vielleicht sogar Ekel etc., die wir dabei erleben. Möglicherweise nehmen wir die Gefühle aber auch körperlich wahr (Übelkeit, Engegefühl im Hals und in der Brust, Muskelspannungen o.ä.). Ihr Mitreisender sollte von Ihnen erfahren, dass es Ihnen unbehaglich wird, wenn er Ihnen verbal und erst recht körperlich zu nahekommt. Gut möglich, dass er das als Zurückweisung und Kränkung erleben wird. Ob er eine Behinderung hat oder nicht, sollte keine Rolle dabei spielen, ihm das zuzumuten. Wir alle müssen lernen, damit umzugehen, dass nicht alle unsere Wünsche in Erfüllung gehen.

Sie können ihm dabei behilflich sein, wenn Sie ihm mithilfe von Ich-Botschaften in einem freundlichen, aber bestimmten Ton mitteilen, dass Sie gerne mit ihm einige Worte wechseln, mit ihm aber keinen weiteren privaten Kontakt haben möchten. Wenn sich damit der Heiratsantrag nicht schon von alleine erledigt hat, könnten Sie ihm sagen, dass der Antrag Sie zwar ehrt, dass Sie ihn aber nicht annehmen möchten. Es braucht von Ihrer Seite her keine weiteren Erklärungen und schon gar keine Rechtfertigung dazu. Sollte es Ihnen schwerfallen, in deutlichen Worten mit dem Mann zu sprechen, könnte es zur Not hilfreich sein, dabei eine Ihrer Freundinnen an Ihrer Seite zu wissen. Wenn er Ihrem Wunsch nach mehr Privatsphäre auch nach zwei- bis dreimaligem Wiederholen Ihrerseits nicht nachkommt, empfehle ich Ihnen, in nächster Zeit in einem anderen Wagen zu steigen oder mit einem Zugbegleiter Kontakt aufzunehmen.

Dieser Tag war meiner

Sabine Brunner

Wie ein Zahnrad schnurre ich (weiblich, 43) durch den Alltag. Am Morgen läutet der Wecker, ich stehe auf, erledige schnell Hausarbeiten, bevor ich aus dem Haus eile, um rechtzeitig bei der Arbeit zu sein. Dort warten schon viele Termine und jede Menge Arbeit auf mich. Der Tag zieht an mir vorbei, bis ich am Abend nach Hause renne, unterwegs noch Einkäufe erledige und später erschöpft aufs Sofa sinke. Es kommt mir vor, wie wenn ich nur dazu da wäre, Arbeiten zu erledigen. Das macht mich sehr unzufrieden. Wie kann ich am Abend sagen: Dieser Tag war meiner?

Diesen Zustand kenne ich. Und die Unzufriedenheit damit auch. Einerseits denke ich dann, das sollte nicht so sein, das kann nicht das richtige Leben sein, das muss ich ändern. Und: Was ist das für eine Gesellschaft, die in einem so rasanten Tempo funktioniert und so viel auf Leistungssteigerung, Produktion und Ergebnisse gibt? Dann die innere Gegenstimme, die sagt: Haben wir denn ein Versprechen erhalten, dass das Leben schön ist? Gibt es ein Recht auf Gelassenheit, Zufriedenheit, Selbstverwirklichung? Voller Schuldgefühle denke ich an Menschen, die unter wirklich schlechten Lebensbedingungen sehr viel mehr arbeiten müssen als ich. Und ich verirre mich in Gedanken – bis der nächste Termin, die nächste Aufgabe mich wieder retten.

Gerne komme ich also auf Ihre Frage zurück. Manchmal hilft es, sich zu fragen, was man damit gewinnt, sich wie ein Zahnrad zu fühlen. Was wäre, wenn ich auf einmal Zeit und Musse hätte? Wie würde ich damit umgehen? Würde es mir langweilig werden, würde ich mich leer fühlen? Wenn ja, habe ich eigentlich nicht zu viele Aufgaben, sondern es fehlt mir eine – nämlich eine, die ich sinnvoll und spannend finde. Für die ich gerne lebe. In die ich mich völlig hineingeben kann. Nicht selten überdeckt eine hohe Betriebsamkeit auch richtig Unangenehmes. Etwa schwelende Konflikte oder innere Schwierigkeiten, über die man lieber hinwegsehen möchte. Vielleicht ist es einfacher, sich wie ein Zahnrad zu fühlen als schmerzhaften Realitäten ins Auge zu blicken? Fühlt man sich über Wochen und Monate unzufrieden, ist es an der Zeit, etwas zu ändern. Sich verschiedene Fragen zu stellen: Kann ich eine Aufgabe abgeben? Wo kann ich Zeitfenster einrichten, in denen ich tun kann, was mich erfreut und entspannt? Könnte ich weniger streng mit mir selber sein?

Eine einfache und schnell wirkende Lebenshilfe gegen allzu grosse Alltagsroutine besteht darin, seine Aufmerksamkeit auf das Gegenwärtige zu richten. Sich den kleinen Alltagshandlungen und dem Moment zu widmen, statt stets vorwärtszuhasten aufs nächste Ziel hin. Das kann bereits beim Aufstehen beginnen: Wie fühle ich mich heute? Oh, der Rücken ist steif – ich muss mich wohl strecken und biegen. Oder auf dem Weg zur Arbeit den Blütenduft in der Luft wahrnehmen. Auf diese Weise kann man schöne Momente gebührend geniessen, aber auch Erschöpfung, Frustration oder Ärger rechtzeitig erkennen und angehen. Bleibt man präsent, so hat man die Möglichkeit, Unangenehmes prompt anzusprechen und Vorhaben flexibel den Gegebenheiten anzupassen.

Sicher ist es mehrfach pro Tag nötig, seinen Körperbedürfnissen nachzugehen: Das Fenster öffnen, tief durchatmen und sich erneut strecken, sich kurz ausruhen. Indem ich meine Aufmerksamkeit immer wieder auf die Gegenwart richte, erlebe ich mich und meine Umgebung in allen Facetten stärker. Und der Tag wird zunehmend zu meinem.

Ich will mit meinem Vater nichts zu tun haben

Peter Schwob

Meine Eltern sind getrennt, seitdem ich (m, 19) auf der Welt bin. Ich lebte immer bei meiner Mutter und war damit zufrieden. An den Vater habe ich nur ganz wenige Erinnerungen aus meiner Kindheit – ab und zu war ich bei ihm in Frankreich in den Ferien. Von mir aus ist alles in Ordnung, wie es ist. Aber in den letzten Jahren sucht er immer wieder den Kontakt, möchte, dass ich öfter zu ihm komme, schickt mir unpersönliche Geschenke (Geld, wie peinlich!), Postkarten und nichtssagende Grüsse aus den Ferien. Und ist dann beleidigt, wenn ich ihm nicht antworte. Meine Mutter hätte nichts dagegen, wenn ich zu ihm ginge. Aber er stört, finde ich, und bringt hier alles durcheinander. Am liebsten würde ich dem Kerl ein für alle Mal die Türe zuschlagen. Aber darf man das? Immerhin ist er mein Vater!

Ich sag's mal etwas patzig: Dass er Ihr Vater ist, verschafft ihm noch kein Recht auf Kontakt mit Ihnen. Lange Zeit hat er Sie ja auch nicht gesucht und ist Ihnen fremd geworden. Sie wissen gar nicht, wer das eigentlich ist, der da sagt, er möchte eine Beziehung mit Ihnen aufbauen. Sie sind daran, erwachsen zu werden und ihre eigene Welt zu gestalten, und das schaffen Sie offenbar gut ohne ihn. So weit, so einfach. Aber dann stolpere ich über Ihre Frage: Darf man das? Ich wüsste nicht, wer es Ihnen verbieten sollte – ausser Sie sich selbst. Doch so einfach scheint es nicht zu sein.

Ihr Impuls, die Beziehung abzubrechen, so heftig er auch ist, kommt Ihnen seltsam und anfechtbar vor, und Sie zögern, ihn in die Tat umzusetzen. Dieses Zögern ist etwas Kostbares, finde ich: Es ermöglicht Ihnen, hin und her zu überlegen, immer wieder ein Aber zu denken, immer wieder eine andere Seite der Geschichte und Ihrer Gefühle anzuschauen. «Ambivalenz» ist in der Umgangssprache fast ein Schimpfwort: So, jetzt entschliess dich mal, du Wackelkandidat! Mindestens so wahr ist aber, dass es kaum ein Gefühl oder eine Entscheidung gibt, die nicht zwiespältig wäre – wo das Gegenteil dessen, was man in einem Moment sagen kann, auch ein wenig wahr ist. Das auszuhalten, mit beiden Wahrheiten einen Weg zu suchen und handlungsfähig zu werden, ist eine hohe Kunst.

Was ich höre, ist, dass Sie auf Ihren Vater eine doppelte Wut haben: Zum einen, weil er Sie jetzt stört und bedrängt, zum andern, weil er Sie so lange alleingelassen, sich nicht für Sie interessiert hat. Auch jetzt fragt er nicht wirklich danach, wie Sie leben und welches Geschenk zu Ihrem Leben passen würde, sondern versucht nur, nichts falsch zu machen. Zu diesen beiden gegensätzlichen Enttäuschungen würde es in der Tat passen, ihm die Türe zuzuschlagen. Bloss würden Sie damit nicht nur ihn aussperren, sondern auch sich selber etwas abschneiden: die Möglichkeit, etwas nachzuholen, was Ihnen ein Leben lang gefehlt hat. Aber (noch ein Aber!) vielleicht ist es genau diese Vorstellung, die Sie noch wütender macht: Dass Sie innerlich einen Schritt auf Ihren Vater hin machen, und er Sie schnöde abprallen lassen würde, genau in dem Moment, in dem Sie all Ihren Mut zusammengenommen haben.

Man kann halt nicht wissen, was geschieht, wenn Sie ihm sagen, Sie hätten vorerst genug, und er solle mit seinen halbherzigen Kontaktversuchen aufhören. Vielleicht tut er's – dann werden Sie an Ihrer Reaktion merken, ob es das ist, was Sie wirklich wollen. Vielleicht erschrickt er und kommt auf eine neue Art auf Sie zu. Dann können Sie neu entscheiden, ob Sie sich willkommen fühlen.

Bin ich ein Angsthase?

Thomas Kern

Ich (m, 32) bin vor einem Jahr nach Basel gezogen und habe einige Freunde gefunden. Die meisten von ihnen gehen im Sommer im Rhein schwimmen. Voller Begeisterung wollte ich es ihnen gleichtun und stieg mit ihnen beim Tinguely-Museum ins Wasser. Kaum hatte ich keinen Boden mehr unter den Füssen, geriet ich in Panik. Todesängste überkamen mich, und ich meinte unterzugehen. Endlich am Ufer angelangt, zitterte ich am ganzen Leib und schämte mich vor meinen Freunden. Seither traute ich mich nicht mehr in den Rhein, obwohl sie mich mehrmals mitnehmen wollten. Als Fünfjähriger bin ich in der Thur in eine Strömung geraten, ging unter und glaubte zu ertrinken, bis mein Bruder mich aus dem Wasser zog. Trotzdem habe ich später schwimmen gelernt und hatte bisher sogar im Meer nie Probleme damit. Könnte da trotzdem ein Zusammenhang bestehen, oder bin ich bloss ein Angsthase?

Ihr erstes Rheinschwimmen war für Sie ein schlimmes Erlebnis. Ihre Freunde konnten den Rhein geniessen, aber Ihr Gehirn hat offensichtlich Alarm geschlagen, und Sie gerieten ohne erkennbare Gefahr in Todesängste. In einem fliessenden Gewässer ohne Boden unter den Füssen zu schwimmen, hat bei Ihnen die fast schon vergessenen Erinnerungen an den Vorfall in der Thur getriggert. Das bedeutet, dass mit dem ursprünglichen Ereignis zusammenhängende Gefühlserfahrungen plötzlich und in voller Wucht geweckt wurden. Die dabei heftig erlebten körperlichen Symptome und Gefühlsreaktionen bezogen sich nicht auf das jetzige, harmlose Schwimmen im Rhein, sondern auf das Erlebnis in der Thur.

Sie konnten deshalb das tatsächlich vorhandene Risiko nicht mehr realistisch einschätzen. Der Vorfall in der Thur hatte auf Sie offensichtlich eine traumatisierende Wirkung. Als Kind gerieten Sie damals in Todesängste und fühlten sich einen Moment lang völlig ohnmächtig. Nachdem der Vorfall glimpflich ausging, bekam ihre erlebte Angst und deren Bedeutung für Sie wahrscheinlich nicht genügend Beachtung, sodass das Trauma nicht vollständig verarbeitet werden konnte. Dieser traumatisierte Anteil in Ihnen scheint Sie unter normalen Umständen glücklicherweise nicht weiter zu belästigen, in einem fliessenden Gewässer wurde er jetzt aber wieder aktiviert. Nun besteht die Gefahr, dass Sie aus Angst, eine solche Panik nochmals erleben zu müssen, den Rhein zukünftig meiden werden. Sie könnten sich natürlich fragen, ob man unbedingt im Rhein schwimmen muss, zumal ja auch tatsächlich eine gewisse Gefahr davon ausgeht. Das würde für Sie aber offensichtlich eine Einschränkung ihrer Lebensqualität bedeuten.

Um sich dem Schwimmen in fliessenden Gewässern anzunähern, ist es wichtig, dass Sie so akzeptierend als möglich mit Ihrer Angst umgehen. Wenn Sie sich sagen können, dass Sie weder ein Angsthase noch generell hypersensibel sind, sondern ein gut nachvollziehbares Problem damit haben, sind Sie schon einen Schritt weiter. Danach brauchen Sie möglichst viele positive Erfahrungen, sodass Ihr traumatisierter Anteil realisieren kann, dass das Schwimmen im Rhein unter Berücksichtigung gewisser Sicherheitsvorkehrungen ungefährlich ist. Anstatt gerade ins tiefe Wasser zu gehen, wären kleine Schritte sinnvoll. Wenn Sie sich von jemandem begleiten lassen, sollte er oder sie einfühlend mit ihrer Angst und Ihrer Vorsicht umgehen können. Tipp für einen Neuanfang: Beim Badehaus in der Breite kann man sehr gut in den Rhein steigen, die Strömung ist sanft, und man kann bis weit hinaus stehen.

Langeweile kann ein wertvolles Gut sein

Gisela Zeller-Steinbrich

Wir wissen nicht mehr, was wir machen sollen. Unser Sohn (13 J.) nervt uns unvorstellbar. Er ist so weit ganz gut in der Schule und mit den Hausaufgaben immer bald fertig. Danach sitzt er in seinem Zimmer und spielt am Computer, aber bald schlurft er muffig durch die Wohnung und mault herum: Mir ist so langweilig! Früher war er beim Quartierzirkus. Wir haben ihm jetzt schon alles Mögliche vorgeschlagen: Dass er in einen Sportverein geht, ein neues Instrument spielen lernt, sich mit Kollegen zum Schutten trifft – immer heisst es, «keine Lust, kein Bock». Nur in die Pfadi geht er jede Woche. Jetzt will er dort Leiter werden. Geht das dann überhaupt, so ohne eigene Einfälle?

Wie die Schiffer früher die Meeresstille aufs Äusserste gefürchtet haben, kommt es uns oft so vor, als sei Bewegung notwendig, fast egal, in welche Richtung. Überall versuchen wir, «effizient» zu sein. Im Zug beantworten wir Mails, im Tram lesen wir Nachrichten. Auch wenn wir Arbeit nicht mehr als Auftrag Gottes verstehen, ist uns die Nichtsnutzigkeit abhandengekommen. «Just do it», heisst die Devise auch in der Freizeit, wo eine enorme Zerstreuungsindustrie ihr Geschäft mit der Langeweile macht. Kein Zweifel: Langeweile kann quälend sein. Das spüren Sie an und mit Ihrem Sohn. Sie leiden mit. Antriebslosigkeit, Missvergnügen und Stimmungstiefs sitzen gleich nebenan, Melancholie grad um die Ecke. Und immer die Angst: Was, wenn das so bleibt? Manche Kinder klagen von klein auf andauernd über Langeweile. Sie sind darin behindert, eigene Aktivitäten zu finden und die Fähigkeit zum freien Spiel zu entwickeln. Sie können nichts mit sich anfangen.

In der frühen Adoleszenz ist Langeweile jedoch eine häufige Reaktion. Die Notwendigkeit, sich von familiären Bindungen zu lösen, eigenständige

Beziehungen und eine eigene Persönlichkeit zu entwickeln, kann lähmen. Der Abschied von der Kindheit löst nicht nur Euphorie aus. Einsamkeit und Weltschmerz sind Geschwister der Langeweile. Ich spreche hier nicht von sozialem Rückzug oder Schulverweigerung, sondern von einem Zustand des Nichtstuns, der beunruhigend und bedrückend sein kann. Dauert er lange an, wird manchmal auch Aggressivität versucht als Gegengift gegen die tiefen Gefühle von Einsamkeit und Leere, gegen die tödliche Langeweile. Die Spiele und Interessen der Kinderzeit erscheinen nun als «Pipikram». Die Notlösung: Mit Altersgenossen herumhängen, klagen, wie öde alles ist, und die Zeit totschlagen.

Manchmal geschieht lange nichts. Dann taucht ein Impuls auf. Bei Babys zeigt sich so nach Ansicht des englischen Kinderanalytikers Winnicott etwas zutiefst Eigenes. Vielleicht gilt das für uns alle. Ich verstehe die Klagen Ihres Sohnes als Anfrage: Könnt Ihr mir noch wie als kleinem Kind sagen, was ich tun soll? Was mein Eigenes sein könnte? Wer ich werden kann? Natürlich ist dann keiner Ihrer Vorschläge geeignet, ihm zu helfen. Er möchte weiter und weiss noch nicht wohin. Er spürt, dass er es selbst herausfinden muss; zugleich hat er Angst und will nicht allein bleiben mit dieser Spannung.

Bleiben Sie also im Gespräch und ermutigen Sie ihn, den Zustand zwischen Kindheit und Erwachsensein zu ertragen. Durch Langeweile können wir vor allem in Zeiten des Wechsels und Übergangs dazu kommen, das Leben selbst in die Hand zu nehmen und zu verändern. So gesehen, ist Langeweile ein rares und wertvolles Gut. Ihr Sohn ist nun auf eine eigene Idee gekommen. Sie sollten Ihre Skepsis überwinden und ihn darin unterstützen.

Diese KESB ist so bedrohlich!

Susann Ziegler

Mir ist ganz sturm. Ich (w, 33) habe viele belastende Situationen mit meinen beiden Kindern (8 und 10): Ich raste oft aus, bin wütend, die Kinder gehorchen mir überhaupt nicht, streiten dauernd, halten sich an keine Abmachungen und Zeiten und sind zudem in der Schule auffällig. So muss ich dort alle paar Wochen antraben. Natürlich brauche ich Hilfe, aber ich habe echt Schiss, dass mich jede Beratungsstelle bei der KESB verpfeift, und dann bin ich sicher meine Kinder los. Das möchte ich auf keinen Fall. Ich bin unendlich unter Druck, schäme mich und halte es nicht mehr lange aus.

Ja, das tönt wirklich nach äusserster Belastung. Und dann kommt noch die Angst dazu, die KESB (Kindes- und Erwachsenen-Schutzbehörde) nehme Ihnen die Kinder weg. Seit es diese Behörde gibt, wird viel gelästert.

Sicher: Es lief nicht alles rund. Dennoch kann ich Sie beruhigen: Die KESB hat das Wohl von Kindern und Eltern im Auge und nicht das geringste Interesse, Müttern ihre Kinder wegzunehmen. Beratungsstellen wenden sich nicht als Erstes an die KESB. Ziel einer Beratung ist es, Sie zu entlasten und in Ihrer Mutterfunktion zu stärken.

Die Einsicht, dass Hilfe von aussen dringend nötig ist, haben Sie bereits entwickelt. Jetzt steht Ihnen die Angst im Weg, die Kinder zu verlieren. Weiteres Ausweichen vor Beratung raubt Ihnen aber nur noch den Rest der Energie, von der Sie ohnehin nicht mehr viel haben.

Eine Beratungsstelle wird sich mit Ihnen zusammen um die Ursachen der Probleme kümmern, und Sie werden gemeinsam Massnahmen besprechen, mit denen Sie Ihre Erziehungsaufgabe wieder wahrnehmen können und sich das Gefühl, überfordert zu sein, etwas legen kann.

Die Hilfe kann sehr unterschiedlich aussehen: Gespräche, Beratungen, Familienhelferin engagieren (die ganz konkret bei Ihnen zuhause Unterstützung im Alltag gibt und Sie bei der Erziehung anleitet), Ferienlager, Mittagstisch, Wocheninternat, Schulheim, etc. Dass jemandem ein Kind weggenommen wird, geschieht sehr selten und höchstens dann, wenn sonst das Kindeswohl akut gefährdet wäre.

Die KESB muss immer die am wenigsten invasive Massnahme wählen. Da Sie aber selbst etwas ändern wollen, stellen Sie damit Ihrem Verantwortungsgefühl ein gutes Zeugnis aus.

Sie sind (wie viele Mütter, leider) sehr allein mit den Verhaltensauffälligkeiten ihrer Kinder. Das kommt auch darum oft vor, weil die wenigsten alleinstehenden Mütter ihre Probleme jemandem mitteilen; die meisten halten sie aus Scham eher zurück. Vielleicht kann Ihnen eine Beratungsstelle auch Kontakt mit anderen Müttern vermitteln.

In manchen Fällen hat das Gefühl der Überforderung auch tiefer liegende, persönliche Gründe. Zum Beispiel dann, wenn eine Eigenschaft des Kindes einen an jemanden oder etwas erinnert, was einem zutiefst zuwider ist. Oder wenn das Kind mit seinem Verhalten Gefühle oder Gedanken wachruft, die einen an die eigene, vielleicht als schlimm empfundene Jugend erinnern. Oder wenn man beim eigenen Erziehungsverhalten eine Ähnlichkeit mit unangenehmen Seiten seiner Eltern feststellt.

Solche Assoziationen können einen sehr belasten und bedürfen der Besprechung mit einer Fachperson.

Viele Mütter wissen aus Erfahrung, dass genau dann, wenn man vor Wut fast platzt, keine Anlaufstelle erreichbar ist. Darum hilft es, in einem ruhigeren Moment mit jemand Aussenstehendem über das Allerschwierigste zu sprechen und sich einige Regeln zu erarbeiten, die in den bedrohlichsten Momenten nützlich sein können. Schön, dass sie sich der Herausforderung stellen wollen!

Völlig verwirrt vom Fremden

Jörg Hirsch

Nach der Matur war ich (m, 21) vier Wochen in Indien. Zwei Wochen machte ich mit anderen Touristen eine Rundreise, und wir wohnten in 4- und 5-Sterne-Hotels nach westlichem Standard. Nachher reiste ich allein und erlebte Gastfreundschaft und enge Kontakte mit den Einheimischen. Doch in dieser Zeit wurde ich immer verwirrter, hatte das Gefühl, jeder könne meine Gedanken lesen, und alles, was für mich bisher klar war, geriet ins Wanken. Schliesslich brach ich meine Ferien ab und flog fluchtartig heim. Hier brauchte ich dann ein paar Wochen, um mich wieder zu normalisieren. Das Ganze hat mich sehr verunsichert. Bin ich krank?

Schwer zu sagen. Doch was Sie erlebt haben, kann man sicher als Entgrenzungs-Erfahrung fassen. Die völlig fremde Kultur war für Sie nicht einzuordnen. Mit Ihrer in unserer Welt entwickelten Ich-Struktur konnten Sie Ihre neuen Erlebnisse nicht integrieren und gerieten gewaltig unter Druck. Sie erfuhren einen (Kultur-) Schock und haben schliesslich die Notbremse gezogen, klugerweise.

Solche Schocks sind auch in westlichen Ländern möglich, aber viel milder, es gibt einen unausgesprochenen Konsens über die Realität. In Fernost, insbesondere in ländlichen, noch nicht verwestlichten Gegenden, gilt eine andere Sicht auf die Wirklichkeit. Dort lebt eine Kollektivkultur, anders als unsere individualistische. Wir sind es gewohnt, die Welt mit «vernünftigem» Blick anzuschauen; die Wissenschaft ist unsere Leitkultur. Wenn nicht, ist man psychotisch, psychisch krank. Dort jedoch gelten unsere Werte nur eingeschränkt. Viel wichtiger als das Ich ist das Wir.

Haben Sie vielleicht das Gefühl gehabt, auch die emotionalen Grundlagen seien völlig fremd? Ihre selbstverständliche Realität werde infrage gestellt? Das, was Sie bisher unhinterfragt für selbstverständlich hielten, habe plötzlich keine Gültigkeit mehr? Haben Sie erlebt, dass, bevor Sie einen Gedanken ganz zu Ende gedacht hatten, Ihr Gegenüber schon passend reagierte? Und dies nicht nur einmal, sondern öfter? In der westlichen Denkweise assoziiert man solche Phänomene mit einem psychotischen Prozess, denn Telepathie und Ähnliches gehören nicht in unser Realitätsverständnis. In den östlichen (wie auch anderen, indigenen) Kulturen lebt man eine Realität, die alles miteinander verbunden sieht und auch entsprechend wahrnimmt. Die Grenzen zum Unbewussten können fliessend sein, Geister kommen nicht nur in Geschichten vor, sondern man lebt mit ihnen als Teil der Realität. Alles Humbug? So dachte man früher, als Ethnozentrismus und Kulturimperialismus noch dominanter waren als heute und andere Realitätswahrnehmungen als primitiv und unserer untergeordnet galten. Heute lernen wir, dass andere Sichten auf die Wirklichkeit bestehen.

So haben Sie eine höchst wichtige Erfahrung gemacht: Sie kamen in Kontakt mit einer anderen Sicht auf die Realität, die Sie in ihrer Plötzlichkeit erschreckt hat. Sie mussten aber auch erfahren, dass Sie unter grossem Druck den inneren Halt verlieren, denn plötzlich wurden auch Ihre Grenzen zum eigenen Unbewussten fliessend. Vorsicht gegenüber emotionalen Extrembelastungen ist in Zukunft sicher angebracht. Wenn Sie sich aber Zeit lassen, um über die neuen Eindrücke nachzudenken und mit andern zu sprechen, kann diese heftige Erfahrung Ihre Sicht auf die Welt und Sie selber sehr erweitern helfen.

Grenzen setzen?

Sabine Brunner

Ich bin Mutter eines fünfjährigen Mädchens. Dieses ist ein kreatives, gut geratenes Kind mit vielen Spielideen, und ich bin stolz auf meine Tochter. Aber leider ist sie oft sehr wild. Die Kindergärtnerin schimpft deswegen viel mit ihr. Und auch ich habe manchmal grosse Mühe, weil mein Kind beispielsweise nicht heimkommen will, wenn es draussen am Spielen ist. Manchmal geht meine Tochter so weit weg, dass ich nicht mehr weiss, wo sie ist. Und meist ist sie nur ruhig, wenn sie etwas spielt, was ihr gefällt. Ich frage mich oft, ob ich ihr zu wenig Grenzen setze.

Zu wenige Grenzen setzen – zu viele Grenzen setzen … Diese Frage hat schon einige Erziehungsratgeber gefüllt und wird oft wie ein politisches Thema diskutiert, es gibt Fronten auf beiden Seiten und Streitgespräche. Deshalb schlage ich vor, die Blickrichtung etwas zu verschieben.

Wenn wir unsere Umgebung betrachten, müssen wir erkennen: Wir leben in einer Welt mit vielen Begrenzungen, räumlichen wie auch zeitlichen. Unsere Bewegungsfreiheit wird eingeschränkt durch enge Bebauungen, durch Strassen und Verkehr. Der zeitliche Fluss eines Tages wird unterbrochen durch Termine, Arbeitszeiten und vieles mehr. Die Agenden der Familien sind meist eng und voll. Kinder können also keineswegs einfach spielen, wo, wie und wann sie wollen. Das aber wäre das Bedürfnis eines Kindes: Spielen, bis der Hunger kommt, bis die Mama vermisst wird, bis die Ideen ausgehen oder Trost benötigt wird.

Im psychologischen Jargon spricht man von Entwicklungsaufgaben, wenn man wichtige Anforderungen an die Entwicklung eines Kindes formulieren möchte. Als grundlegende Aufgabe wird angesehen, dass ein Kind seine

Umgebung entdecken, sie ausmessen, nutzen und immer besser verstehen kann. Indem Kinder alles erforschen, erhalten sie ein Verständnis von der Welt, entfalten Intelligenz und Schaffenskraft. Der Bewegungsradius wird dabei mit zunehmendem Alter grösser. Während ein Säugling voller Interesse eine Rassel greift, sie in alle Richtungen dreht, in den Mund nimmt und schüttelt, möchte ein fünfjähriges Kind sowohl das Haus, in dem es wohnt, als auch das umliegende Gebiet bis in alle Winkel kennen lernen.

Um auf Ihre Tochter zurückzukommen, stellt sich für mich nicht die Frage, ob Sie ihr mehr Grenzen setzen müssten, sondern wie Sie ihr helfen können, die vorhandenen Grenzen (an-)zuerkennen und einzuhalten, während sie ihre Umgebung erkundet und ihre Fähigkeiten erweitert. Ihre Tochter braucht dafür Sie, die sie einerseits liebevoll in ihrem Tun bestärkt, ihr andererseits aber auch beharrlich und ausdauernd die Grenzen ihres Verhaltens aufzeigt, sie auf Zeitabläufe, Dringlichkeiten, Besitzverhältnisse und Gefahren aufmerksam macht. Welche Grenzen Sie selbst als wichtig anerkennen, ist in Ihrem eigenen Ermessen. Sie als Mutter dürfen und müssen entscheiden, was Sie von Ihrer Tochter an Anpassung verlangen und worauf Sie weniger Wert legen.

Wichtig erscheint mir bei der Diskussion um Grenzen, dass es dabei ganz zentral um Ihre Beziehung geht. Etwa um das Vertrauen, das Ihre Tochter darauf hat, dass Ihre Grenzen sinnvoll und verständlich sind. Oder dass Ihre Tochter sich bei Schwierigkeiten an Sie wendet, weil sie weiss, dass Sie sie bei Frustrationen trösten und ihr helfen, andere Lösungen zu finden. Rund um «Grenzerlebnisse» benötigen Kinder neben klaren Ansagen nachfolgende Erklärungen. Dabei hilft es, wenn die Erwachsenen sich selbst erklären, mit ihren Bedürfnissen und Wünschen ans Kind, aber auch mit ihrer Angst und ihrem Ärger.

Darf mein Sohn mich schlagen?

Peter Schwob

Wir haben immer öfter wüste Szenen zuhause. Endlose Diskussionen und dann tagelanges Schweigen gab es schon immer, aber neuerdings schlägt mich mein Sohn (15), wenn ich (42) etwas von ihm verlange oder mit etwas nicht einverstanden bin. Dann gebe ich halt meistens nach, damit er aufhört. Dabei will ich ja nichts Unerhörtes von ihm: Dass er im Haushalt mithilft wie seine Schwester (12), oder dass er vor Mitternacht nach Hause kommt. Mein Mann findet, damit müsse ich selber fertig werden. Das will ich ja; ich war selber kein Engel in seinem Alter. Aber: Darf mein Sohn mich schlagen?

Nur wenn Sie es ihm erlauben. Und als Erlaubnis versteht er es vermutlich, wenn Sie seine Schläge hinnehmen, sich seinem Willen fügen und ihn dann in Ruhe lassen – je öfter das geschieht, desto normaler wird es. Ich nehme an, Sie sind dann einfach froh, wenn es vorüber ist, weil Sie sich so unendlich ohnmächtig und alleine fühlen. Das Dumme ist, dass die kurzfristige Erleichterung langfristig zerstörerisch wirkt. Alleine kommen Sie da nicht heraus. Mich wundert, dass Ihr Mann der Geschichte so ruhig zuschaut – und auch, dass Sie ihn lassen, ihn nicht stärker darauf behaften, dass er der Vater dieses Sohnes und Ihr Mann ist. Haben Sie in der Beziehung zu Ihrem Mann auch etwas aufgegeben? Zusammenzugehören, zum Beispiel, miteinander zu leben, zu sprechen über das, was beide im Alltag erleben und wie Sie leben möchten?

Ich denke, das wäre ein guter Ansatzpunkt: Dass Sie Ihrem Mann (und zwar dann, wenn Sie beide Zeit haben; nicht in oder gerade nach einer wüsten Szene und nicht zwischen Tür und Angel) sehr genau erzählen, wie es Ihnen geht, in welchem Teufelskreis Sie stecken und wie alleine Sie sich fühlen. Und dass Sie ihn eindringlich auffordern, mit Ihnen gemeinsam nach einem Ausweg zu suchen.

Dieser Ausweg könnte darin bestehen, dass Sie sich beide mit Ihrem Sohn zusammensetzen und ihm sehr deutlich sagen, dass es so nicht weitergeht. Er wird dann ausführlich seine Seite aufzeigen müssen: Es könnte sein, dass er es satt hat, ein Jugendlicher zu sein, der in der Schule und zuhause gehorchen muss. So dass er versucht, bei Ihnen den Spiess umzudrehen. Womöglich erlebt er Schlimmeres, wird vielleicht gemobbt oder abgelehnt oder erlebt zu viele Misserfolge. Oder er beneidet seine Schwester um ihr scheinbar problemloses Leben. Vermutlich hat er wegen seiner Gewalttätigkeit und Verachtung Ihnen gegenüber auch Schuldgefühle und muss genau diese bei der nächsten Gelegenheit wieder wegschlagen. Aber jedes Mal, wenn er Sie dazu bringt, sich von ihm zurückzuziehen, bleibt er alleine zurück, verliert Sie als Gegenüber.

Das wird mit Sicherheit kein einfaches Gespräch – Sie tun ja dann genau das, was Sie alle miteinander lange und mit aller Kraft vermieden haben: In Ihren klaren Rollen von Eltern und Kind über das sprechen, worum es wirklich geht, und diese Rollen wirklich einnehmen und durchsetzen. Darum kann dieses Familiengespräch nicht der erste Schritt sein, sondern vorher müssen Sie mit Ihrem Mann Kontakt aufnehmen, ihn ins Boot holen und das Eltern-Team erstmals oder wieder in Kraft setzen. Nur zusammen haben Sie eine Chance, Ihrem Sohn standzuhalten. Und nur dann, wenn Sie sich selber klarer sind, wie es Ihnen als Frau, Ehefrau und Mutter eigentlich geht und was Sie möchten. Wenn Sie Unterstützung brauchen, melden Sie sich bei uns oder einer Beratungsstelle – eine Paartherapie wäre wahrscheinlich hilfreich.

Rendezvous mit dem Ich

Susann Ziegler

Eigentlich geht es mir (72) gut – oder sagen wir einmal: meistens geht es mir gut. Mein Familien- und Paarleben ist erfreulich, beruflich habe ich einiges erreicht und blicke zufrieden zurück. Aber es gibt Phasen, wo ich hin und her überlege, grüble, nicht weiterweiss und ein vages Gefühl habe, dass es mir besser gehen könnte, wenn ich mit irgendjemandem über mich selbst und über mein Werden, aber auch über meine kurze Zukunft nachdenken und sprechen könnte. Gibt es so jemanden?

Gewiss. Sie wollen offenbar weder aus einer dringenden Not heraus noch aus Krankheitsgründen über ihr Inneres nachdenken und sprechen. Tatsächlich ist es interessant und sinnbildend, wenn Sie sich eine gute GesprächspartnerIn aussuchen. Eine andere Sichtweise eröffnet neue Verstehens-Zusammenhänge. Interesse an sich selbst ist die beste Voraussetzung, um eine Selbsterfahrung im wörtlichsten Sinne anzugehen. Einleuchtenderweise ist die Qualität der GesprächspartnerIn entscheidend. Prüfen Sie diese mit Verstand und Gefühl, Sie sind ja nicht unter zeitlichem Druck. Am geeignetsten scheint mir das in einer Psychotherapie zu geschehen, die Sie mit der entsprechenden Person definieren: Wie oft sollen die Sitzungen stattfinden, wie lange sollen sie dauern, was können Themen sein, wieviel kostet das, etc. In der letzten Zeit hört man auch viel von «angewandter Philosophie»: Dort sind es PhilosophInnen mit eigener Praxis, die sich den existentiellen Fragen widmen. Auch TheologInnen stellen sich für solche regelmässigen Gespräche zur Verfügung.

Ihr Gefühl, nicht ganz glücklich zu sein, ist noch sehr vage – eher eine Ahnung, dass es da noch etwas gibt, was zu entdecken wäre. Ihr Hin- und

Her-Überlegen deutet möglicherweise auf eine Angst hin, dass Sie mit etwas konfrontiert werden könnten, das Ihnen unangenehm, bedrohlich scheint, eine negative Bilanz: Habe ich etwas versäumt im Leben? Habe ich mir Schuld aufgeladen? Was für einen Sinn hatte und hat mein Leben? Gibt es noch Ziele, Wünsche? Das kann in der Tat belastend werden.

Umso interessanter ist deshalb das Aufspüren und Integrieren von positiven und negativen Erfahrungen. Sicher kommen Sie auch unbeachteten Gefühlen auf die Spur wie Dankbarkeit, Bewunderung für Ihre Lebensgestaltung, Stimmigkeit Ihrer Gefühle, etc.

Sie werden sich bereichert fühlen, wenn sie dieses Unternehmen angehen: Was gibt es Wertvolleres und Interessanteres, als sich über sich selbst klarer zu werden, sein Leben zu reflektieren, seine Motivationen zu diesem und jenem zu untersuchen und sich auch der Beziehungen zu Familie und Freunden bewusster zu werden! Sie lernen eine neue Wertschätzung von sich und den andern. Schon die Bemühung, diese Befindlichkeit genauer zu formulieren, kann Sie weiterbringen. Sie haben den Vorteil, nicht sofort an Lösungen denken zu müssen; Sie können auch einmal «floaten» und sich offenhalten, was auftaucht. Das lohnt sich in jedem Alter, sie haben ja auch mit 72 Jahren eine Zukunft!

An die Kosten dieser Selbsterfahrung wird die Krankenkasse nichts beisteuern, denn es besteht ja keine Störung von Krankheitswert. Was Sie bezahlen, um Selbsterfahrung, Einsichten, Erkenntnisse und Wissen über sich selbst zu erlangen, ist aber gut investiertes Geld und dient Ihrer Gesundheit im weitesten Sinne.

Psychotherapie bei ADHS: Mehr als eine Ergänzung

Thomas Kern

Bei mir (m, 40) wurde von meinem Arzt eine ADHS diagnostiziert. Ich nehme nun Medikamente, die mir auch tatsächlich dabei helfen, mich besser konzentrieren zu können. Wäre es sinnvoll, daneben auch eine Psychotherapie zu beginnen?

Seit einigen Jahren wird die Diagnose Aufmerksamkeitsdefizit-Hyperaktivitätsstörung (ADHS) auch bei Erwachsenen gestellt. Die Auffassung, eine ADHS würde sich von alleine «auswachsen», hat sich als falsch erwiesen. Bei vielen der in der Kindheit Diagnostizierten treten auch im Erwachsenenalter Symptome auf: Aufmerksamkeitsprobleme, Hyperaktivität, starke Impulsivität und Desorganisation – wenn auch auf andere Art als früher. Ein 24-jähriger Student klettert zwar nicht mehr wie ein Sechsjähriger ständig auf den Tischen herum, aber er ist vielleicht während der Vorlesungen mit Fusswippen beschäftigt, kann sich nicht auf den Inhalt eines Buches konzentrieren, schweift ständig ab. Oder er kann trotz vieler Bemühungen seinen Tagesablauf nicht strukturieren, schämt sich fürchterlich dafür und raucht deshalb vermehrt Cannabis.

Bei der Behandlung hat sich die Kombination von medikamentöser Therapie (Methylphenidat) und Psychotherapie bewährt. Leider gibt es noch immer Ärzte, die einseitig auf eine medikamentöse Behandlung setzen. Ich kenne aber einige Erwachsene, die dank Psychotherapie mit der Zeit auf Medikamente haben verzichten können oder sie nur noch gezielt in bestimmten Situationen einsetzen. Betroffene sollten eine mit ADHS vertraute Fachperson aufsuchen, da sich eine Psychotherapie in ihrem Fall etwas anders gestaltet als übliche Psychotherapien. Die Therapie sollte möglichst pragmatisch auf die vorhandenen Symptome und Probleme ausgerichtet werden. Ziel der Therapie kann nicht sein, die ADHS zu heilen; die Therapeutin steht dem Betroffenen vielmehr als strukturgebende Hilfe zur Seite, begleitet ihn dabei, geeignete Strategien zur Bewältigung des Alltags herauszufinden und zu erlernen. In einer wertschätzenden Atmosphäre erfährt er, wie er in bestimmten Situationen denkt, fühlt und sich verhält. Je nach Beeinträchtigung werden dann geeignete Methoden angewendet. ADHS-Betroffene zum Beispiel, die sehr stark an Aufmerksamkeitsproblemen leiden, können mit gezielten Achtsamkeitsübungen ihre Aufmerksamkeitsspanne allmählich ausdehnen.

Zur besseren Organisation des Alltags können To-do-Listen oder Mind-Maps eingesetzt werden. Zur Förderung der Impulskontrolle wird geübt, auftretenden Gefühlen zuerst Raum zu geben, statt sie sofort auszuagieren. Diese Form von Psychotherapie kann sowohl im Einzel- als auch im Gruppensetting stattfinden.

Noch etwas spricht für Psychotherapie bei ADHS: Untersuchungen haben gezeigt, dass sich bei Menschen mit ADHS im Erwachsenenalter oft psychische Krankheiten (Depressionen, Angst-, Sucht- oder Persönlichkeitsstörungen) entwickeln. Das überrascht nicht: Viele Menschen mit ADHS wurden als Kinder nicht in ihrer eigentlichen Not erkannt. Sie fielen negativ auf, wurden von andern gemieden und stets von allen Seiten kritisiert. Für viele war es deshalb schwierig, ein stabiles Selbstwertgefühl aufzubauen. Psychotherapie bietet eine gute Möglichkeit, schmerzhafte Erfahrungen zu verarbeiten, indem ihnen endlich die nötige Beachtung geschenkt wird. Somit kann das Risiko für begleitende psychische Erkrankungen bei vielen Betroffenen verringert werden.

Patchworkfamilie – oder eher Patchworkfalle?

Sabine Brunner

Der Sommer ist vorbei, und die Schatten des Alltags senken sich auf mich. In den Sommerferien war ich glücklich. Mit meinen Kindern war ich zwei Wochen im Ferienhaus, und danach machten mein Partner und ich eine Reise, während meine und seine Kinder bei ihren ‹anderen Eltern› waren. Seitdem wir wieder alle zusammen sind, führen mein Partner und ich einen ständigen Kampf um unser Familienleben, und auch die Kinder sind unzufrieden. Ich weiss nicht, wie lange ich dieses Patchwork-Leben noch aushalte.

Das Leben in einer Patchworkfamilie ist anspruchsvoll, auch wenn Hochglanzstorys etwas anderes weismachen möchten. Das wussten bereits die Gebrüder Grimm, die vor 200 Jahren in den Märchen ausführlich über Probleme in Stieffamilien schrieben. Darüber, wie Stiefgeschwister miteinander konkurrieren, wie Kinder von den Stiefvätern schlecht behandelt und von den Stiefmüttern verjagt werden. Glücklich, so schreiben Sie, waren Sie, als Sie Zeit mit Ihren Kindern alleine im Ferienhaus verbrachten und dann mit ihrem Partner zu zweit unterwegs waren. Schön, dass Sie das geniessen konnten – es zeigt, dass Sie die Beziehung zu Ihren Kindern und zu Ihrem Partner grundsätzlich gut erleben. Es wundert mich nicht, dass Ihnen dies mit getrennten Unternehmungen gelungen ist: So haben Sie ihre Familienbeziehungen deutlich vereinfacht.

Eine Patchworkfamilie besteht aus einem Gewirr von Beziehungen – Familienbeziehungen ganz unterschiedlicher Ausprägung. Da gibt es leibliche Eltern, Stiefväter, Stiefmütter, leibliche Kinder, Stiefkinder, leibliche Geschwister, Stiefgeschwister. Einige Beziehungen sind eng, andere müssen erst noch aufgebaut werden. Verschiedene, bereits gewachsene Familien- und Erziehungsstile treffen aufeinander. Und es florieren Gefühle wie Eifersucht, Neid, Sich-Ausgeschlossen-Fühlen, Konkurrenz, Trauer.

Gute Beziehungen zu leben, ist in einer Patchworkfamilie nicht einfach. Schnell wird in den verschiedenen Untergruppen Verantwortung umhergeschoben, und Rivalitäten unter den Eltern werden gerne über die Kinder ausgetragen. Als Neuentwurf wird die Patchworkfamilie zur Projektionsfläche für Idealvorstellungen. Man möchte diese neue Familie gerne endlich seinen Wünschen entsprechend erleben und erträgt negative Stimmung entsprechend schlecht. Dies erhöht den Druck auf alle Familienmitglieder und wird so zur eigentlichen Patchworkfalle. Stattdessen wäre es sinnvoll, Idealbilder über Bord zu werfen und dem gegenseitigen Kennenlernen mehr Raum zu geben. Eine Patchworkfamilie hat das Potenzial für spannende Beziehungserfahrungen; damit diese gut erlebt werden, braucht es die Bereitschaft, die eigene Rolle und die der anderen neu zu definieren. Vielleicht fühlen sich Stiefmama und Stieftochter am besten, wenn sie einen weiten Abstand zueinander halten und einfach zwischendurch mal zusammen lachen? Oder eben wie bei Ihnen diesen Sommer – die Familienmitglieder sind glücklich, wenn sie sich manchmal in kleinere Einheiten aufteilen? Das, was Sie in Ihren Beziehungen als gut erleben, besitzt das Potenzial, die Patchworkfamilie zu stärken. Beobachten Sie genau, und reden Sie mit Ihrem Partner und den Kindern darüber. Abläufe, die alle unglücklich machen, können vielleicht abgebaut werden. Formen Sie Ihr höchsteigenes Patchwork-Gebilde! Damit Sie Ihre Situation nicht einfach aushalten müssen, sondern stolz darauf blicken können. Ihre Patchworkfamilie soll nicht zur Patchworkfalle werden.

Von Bären und Wölfen gequält

Peter Schwob

Ich habe noch nie mit jemandem darüber gesprochen, weil es mir so verrückt und kindisch vorkommt. Aber in letzter Zeit wird es schlimmer, und nun muss ich es wagen. Mein Problem ist: Ich habe Albträume, oft. Sie fangen immer harmlos an oder sogar schön, ich bin irgendwo, wo es mir wohl ist, und dann kommen plötzlich wilde Tiere auf mich los, Bären, Wölfe und riesige Raubvögel, greifen mich an, kratzen mich mit ihren Krallen, Schnäbeln und Zähnen, von allen Seiten. Ich versuche, mich zu schützen, ducke mich, habe schreckliche Angst, es nützt alles nichts, und irgendwann lassen sie von mir ab, ich erwache schweissgebadet, bin noch lange unruhig, kann kaum mehr einschlafen. Bis jetzt dachte ich, das ist halt einfach so. Aber immer öfter bin ich tagsüber müde. Was ist das?

Das klingt wie eine Frage ans Traumlexikon; wie wenn Sie eine allgemeingültige, beruhigende Auskunft suchten. Es wäre aber schade, wenn Sie sich mit einer Schablonen-Antwort zufriedengäben: Das, was genau Sie ausmacht, ginge damit verloren. Oder ist gerade das Ihre Hoffnung: Ihren erschreckenden Albtraum nicht ernstnehmen zu müssen? Ja, gute Frage: Was ist das, was Sie da von innen her angreift und quält? Jedenfalls ist es ausdauernd, es wird Ihnen echt gefährlich, es kommt hinterrücks, stört Sie in schönen Momenten, lässt Ihnen keine Chance und verschwindet dann doch wieder im Dunkeln. Es ist Ihnen fremd, Sie möchten sich lieber nicht damit befassen, aber Sie werden es nicht los, es kommt immer wieder, neuerdings sogar vermehrt.

Was hat sich denn geändert in Ihrem Leben, möchte ich fragen und merke dabei, dass Sie gar nichts zu Ihrem äusseren Leben sagen – ausser, dass Sie schon lange unter Ihren Albträumen leiden, Ihre Sorge aber noch nie mit jemandem geteilt haben. Sie scheinen es gewohnt zu sein, andere von sich und sich von anderen fernzuhalten. Ahnen Sie, wie und wozu Sie das gelernt haben, was der Sinn davon ist? Klar dünkt mich, dass Sie so mit Ihren inneren Bewegungen und Impulsen, Ihrer Wut und Angst und Trauer allein sind, sie nicht im Gespräch mit jemandem einordnen und relativieren (auf Deutsch: in Beziehung setzen) können. Und heftige Affekte neigen dazu, sich aufzuschaukeln, wenn man sich ihnen nicht wie einem verstörten Kind beruhigend zuwendet. Natürlich könnte man bei den Nacht-Szenen, die Sie schildern, auch an Schlafapnoe, Alkoholkonsum oder Arbeits-Stress denken. Aber meine Gedanken gehen doch eher in Richtung strenges Gefühls-Management: Ist es möglich, dass Sie nicht nur Abstand zu anderen Menschen halten, sondern auch zu jenen Gefühlen und Fantasien, die Ihnen unheimlich sind oder für die Sie sich verurteilen? Das könnte dann heissen, dass Sie sich von allem Aggressiven distanzieren (wie es ja auch in einem bestimmten Sinne aggressiv ist, jemand anderen mit seinen Albtraumsorgen zu belasten); aber verrückterweise käme es Ihnen dann doch entgegen, in Form von Bärentatzen und Vogelschnäbeln, und Sie würden es nicht als etwas Eigenes erkennen – weil Sie es ja eben nicht haben möchten.

Ich glaube, Sie haben mit Ihrer Frage einen grossen Schritt getan: Sie haben niedergeschrieben und jemand Fremdem gezeigt, wie es in Ihnen aussieht, und Sie haben es gewagt, sich einen Leser vorzustellen, der Sie ernst nimmt und weniger streng beurteilt als Sie sich selber. Ein nächster Schritt könnte sein, dass Sie Ihre Träume regelmässig aufschreiben und sammeln, und noch später mögen Sie vielleicht mit jemandem darüber sprechen.

Fängt jetzt alles wieder von vorne an?
Jörg Hirsch

Ich bin seit 35 Jahren verheiratet, wir haben eine 30-jährige Tochter, die uns Freude macht und ihren Weg geht. Mein Mann und ich führen eine Ehe, die sich für beide gut anfühlt. Das war aber nicht immer so. Nach der Geburt unserer Tochter fingen bald die Probleme an. Meine Familiengeschichte mit einem körperlich strafenden, übergriffigen Vater, vor dem ich Angst hatte und dem ich zu gefallen suchte, kam wieder hoch, und einige Jahre stand unsere Ehe auf der Kippe, weil oft in meinem Kopf Mann und Vater verschwammen. Durch langjährige Psycho- und Paartherapie konnten wir uns wieder finden, und jetzt geniessen wir unser stilles Glück. Nun hatte ich vor einigen Wochen eine Zystenoperation im Unterleib und muss mich schonen. Ich fühle mich unnütz und finde mich wieder in alten Mustern der Verzagtheit und der Angst, nicht zu genügen. Fängt jetzt alles wieder von vorne an?

Nein, von vorne sicher nicht, Sie sind schon einen weiten Weg gegangen. Dennoch gibt es im Leben immer wieder Zeiten und Umstände, in denen sich alte Muster aufs Neue Bahn brechen und sich zu behaupten suchen.

In den vergangenen Jahren haben Sie viel innere Arbeit geleistet, Ihre Familiengeschichte reflektiert und zusammen mit ihrem Mann Themen bearbeitet, die einem erfüllten Zusammenleben im Wege standen. Ihre Tochter wuchs in diesem Umfeld des gemeinsamen Ringens auf. Das stelle ich mir für ein Einzelkind besonders schwer vor. Ich entnehme Ihren Worten aber, dass Ihre Tochter trotz schwieriger Umstände nicht zu einem Problemkind wurde. Das verweist darauf, dass Sie bei aller inneren Problematik eine gute Mutter sein konnten.

Nun mussten Sie sich einer Operation unterziehen, die zwar minimal-invasiv gewesen sein mag, Ihnen aber trotzdem Schonung abverlangt. Und sich zu schonen, scheint für Sie nicht selbstverständlich zu sein. Sie fühlen sich dann unnütz. Klingt da eventuell eines der alten Muster an? Zum Beispiel, sich durch Leistung Anerkennung der Eltern zu sichern? Oder noch stärker: Nur lebenswert zu sein durch Tätigkeit?

Ob solche Muster wieder auftreten, hängt von einigen Faktoren ab. Zuerst einmal zwingt die Ruhigstellung Sie in eine sogenannte Regression, d. h. man gerät in ein psychisches Stadium, das man früher schon einmal durchlaufen hat. Wenn Sie sich also vorher unbewusst durch Ihre produktive Aktivität Ihrer Existenzberechtigung versichert haben, so müssen Sie nun zwangsläufig in Schwierigkeiten kommen. «Darf ich denn überhaupt sein, wenn ich unnütz herumliege?» könnte ein gefühlter Gedanke sein. Da kann ich Ihnen bei Ihrer Reflexionserfahrung nur raten, Worte für Ihren Gefühlszustand zu finden, gegenüber Ihrem Mann oder Ihren Freundinnen, denn Sprache gibt den Wolken Ränder, und Ränder kann man besser begreifen.

Zum andern: Entwicklungen verlaufen selten gradlinig, eher als zyklische Prozesse: Man meint, sich wieder am alten Ort zu befinden, und verkennt, dass man etwas von einer höheren Warte aus wiedererkennt – wie in einer Spirale. Sie sind offenbar noch nicht völlig in Ihrer Mitte angekommen, dort, wo man sich ganz, mit allen Ecken und Kanten annimmt. Das wäre ja auch ein extrem hohes Ziel. Auch so ein Muster?

Sie haben, um bei den Bildern zu bleiben, zwar den Felsen gesprengt, aber es liegt noch einiges an Geröll herum, an dem man sich leicht die Füsse stossen kann. Da heisst es: Aufräumen und immer wieder das, was auf dem Weg liegt, anschauen. Lassen Sie sich nicht verunsichern, bleiben Sie dran!

Bittere Enttäuschung

Susann Ziegler

Als wir kürzlich mit unseren Vermietern davon redeten, dass sich im Bad Schimmel festgesetzt hat und es darum bei Gelegenheit saniert werden sollte, kam vier Tage später die Kündigung, nach 15 Jahren in Frieden und mit gutem Kontakt. Ich habe schlaflose Nächte, verstehe die Welt nicht mehr! Dass wir zügeln müssen, ist die eine Sache, irgendwie werden wir sie bewältigen. Was ich nicht bewältige, ist diese Enttäuschung: x-mal bekamen wir die Bestätigung, wie gut wir es miteinander haben, wir fühlten uns anerkannt, haben uns gegenseitig geschätzt, es gab nicht das geringste Anzeichen einer Unzufriedenheit. Oder jedenfalls sah ich keines. Zwar besteht zwischen uns und unseren Vermietern ein beträchtliches finanzielles, bildungsmässiges und entsprechend soziales Gefälle. Aber bis anhin dachte ich, dass das keine Rolle spiele. Können Sie mir sagen, was in solchen Menschen vorgeht? Oder besser, wie ich das verstehen soll?

Sie sind nicht zu beneiden in ihrer Situation, nebst dem Zügeln auch noch eine schwere Enttäuschung bewältigen zu müssen. Sie befürchten, nicht einmal ihrer eigenen Wahrnehmung trauen zu können – und das zieht ihnen den Boden unter den Füssen weg. Ja: Wem sollen Sie dann noch trauen?

Auch wenn man in so einem Moment nicht viel über die Motive des andern weiss, hat man gerade wegen dieser Unsicherheit das Bedürfnis, die eigene Welt wieder in Ordnung zu rücken. Ohne das Gespräch mit dem Gegenüber kommen Sie aber nicht zu einem klareren Verständnis. Mit etwas Fantasieren können Sie sich zwar ein Bild machen, aber es bleibt halt immer noch Ihr Bild.

Sie stellen sich sicher die Frage, warum Sie zuvor nichts bemerkt haben. Die Kündigung kam unerwartet nach einer Reklamation oder einem Wunsch. Es ist anzunehmen, dass sich bei den Vermietern etwas angestaut hat, was sie ihnen nie mitgeteilt haben. Ob sich die Vermieter nichts zu sagen getrauten, weil sie ihnen überlegen erschienen? Ob es etwas mit ihrer sozialen Stellung zu tun hat?

Ob vielleicht schon länger vage etwas durchschimmerte, aber nicht ansprechbar war, weil sie nie einen Grund zu konkreten Reklamationen abgaben? Oder ganz anders: War es vielleicht eine Affekthandlung aus einem ganz anderen Grund, und ihre Wahrnehmung war bis zu diesem Moment völlig richtig, ist gar nicht infrage zu stellen?

Ich kann die Enttäuschung leicht nachvollziehen. Sie haben sich (wenigstens im Nachhinein gesehen) getäuscht, ihre Vorstellungen von jemandem haben sich nicht erfüllt. Ihr Vertrauen in einen guten Kontakt erwies sich als Täuschung. Dass sie sich kritisch hinterfragen, verstehe ich gut: Sie hoffen, etwas über sich zu lernen. Was könnten sie wohl übersehen haben und vor allem, aus welchen Motiven? Ein gewisser Neid der Vermieter könnte bei der Kündigung durchaus eine Rolle gespielt haben.

Vielleicht wollten sie vorher nichts davon wahrnehmen, lieber eine heile Welt aufrechterhalten. Hätten sie sich damit auseinandersetzen müssen, wäre das Wohnen wohl schwieriger und distanzierter geworden.

Ein ganz anderer Ansatzpunkt: Es könnte auch sein, dass diese bittere Enttäuschung mehr mit ihrer eigenen Geschichte zu tun hat als mit ihren Vermietern und eine frühere Erfahrung wiederholt, die sich tief in ihr Inneres eingegraben hat. Wenn sie da einen Zusammenhang ahnen, ist es natürlich interessant, ihm nachzuspüren.

Ich bin völlig fasziniert von Autos

Jörg Hirsch

Schon als Junge war ich von Autos fasziniert. Nun helfe ich (24 J.) neben meinem eigentlichen Beruf als Kaufmann in einer Garage mit, und das gefällt mir, und wie! Ich wundere mich immer mehr über mich: Ich fahre völlig auf imposante, kraftvolle Flitzer ab, je stärker und stinkender, desto besser – und frage mich langsam, ob ich da spinne.

Viele, vor allem junge Männer haben eine ähnliche Begeisterung wie Sie. Was Sie von anderen unterscheidet, ist, dass Sie sich dazu Fragen stellen. Das finde ich beeindruckend und nehme Ihre Frage zum Anlass, mir ein paar Gedanken zum Thema zu machen.

Eine Frage ist, wie man von anderen gesehen werden will, wie man sich nach aussen selbst definiert, wie man seine Selbstsicherheit stärken kann. Das Auto fährt quasi selbst, aber erst, wenn es (bislang noch) einen Lenker hat. Es erweitert unseren Bewegungsradius, steht also auch für (Bewegungs-)Freiheit. Es dient neben dem Nutzaspekt auch als Statussymbol, soll Aufmerksamkeit auf sich und den Fahrer lenken: je teurer und auffallender der Wagen, desto wichtiger der Besitzer. Denn der hat's (zum Beispiel Erfolg)! Wer reich ist, zeigt mit seinem Wagen seinen gesellschaftlichen Status. Weniger Begüterte, die sich in so einem Gefährt zeigen, möchten vielleicht etwas vorgeben, möchten auch dazugehören. Ein schnittiger, röhrender Sportwagen, der jede Kurve meistert, steht auch für Kraft und Potenz, vermittelt Lust am Fahren, hat also eine erotische Komponente. So ein Auto hat schon vom Klang her etwas Aggressives, ein «Hoppla-jetzt-komm-ich», das auffordert, Platz zu machen. Da steckt auch etwas auf einen selbst Hinweisendes, Selbstverliebtes drin, und das ist attraktiv – für beide Geschlechter. Früher war die Kutsche

Symbol für die gehobene Schicht, heute hat jeder seine Kutsche. Der Unterschied liegt im Luxus, der über den Nutzen hinausgeht. Neben dem Offensichtlichen (teuer, Luxusklasse, schneller als die Masse) gibt es also noch eine Tiefendimension, die sich nicht auf Anhieb erschliesst.

Was hat dies nun aber mit Ihnen zu tun? Ein Aspekt könnte sein, dass Ihre Leidenschaft etwas out ist, im Widerspruch zum wachsenden Umweltbewusstsein vieler Leute steht – oder auch Ihrem eigenen. Da sehe ich tatsächlich ein Dilemma, das Sie wohl nur lösen können, indem Sie sich bescheiden oder nach Alternativen suchen. Aus Ihrer Frage meine ich aber auch eine Unsicherheit herauszuhören: Obwohl Sie Ihre Begeisterung mit vielen anderen teilen, wird doch ein Selbstzweifel spürbar. Ihre Faszination ist wohl auch ganz eng mit dem Wunsch verbunden, ein derartiges Gefährt selber zu besitzen, zu fahren und sich damit zu zeigen. Wo ein Wunsch ist, ist auch ein diesbezügliches Defizit. Möchten Sie vielleicht mit der Erfüllung eines derartigen Wunsches ein gefühltes Defizit kompensieren?

Wenn wir uns die oben erwähnte Symbolik vergegenwärtigen, und falls sie auch in Ihrem Wunsch steckt, dann könnte das bedeuten, dass Sie mit Ihrem gesellschaftlichen Status unzufrieden sind und sich nach positiver Beachtung sehnen; dass Sie sich wünschen, frei, kraft- und machtvoll zu sein. Ein legitimer Wunsch! Doch, erlauben Sie mir die Frage: Sind Sie eventuell mit sich selbst unzufrieden? Besteht vielleicht ein Selbstwertproblem, oder haben Sie ein sexuelles Problem, das Ihnen Kummer macht? Wenn ja, würde ich Ihnen empfehlen, über die Bücher zu gehen, eventuell auch jemanden zu suchen, der Sie in einer vertieften Reflexion unterstützen kann.

Ein unvertrautes Gesicht zeigt sich

Thomas Kern

Ich (w, 56) arbeite seit 30 Jahren in derselben Firma und habe stets beste Bewertungen bei den Mitarbeitergesprächen (MAG) bekommen. Seit einem Jahr bin ich intensiv mit der Betreuung meiner an Alzheimer erkrankten Mutter beschäftigt. Nun sind mir bei der Arbeit ein paar dumme Fehler passiert. Mein Chef hat nicht viel dazu gesagt, sondern auf das nächste MAG verwiesen, das bald stattfinden wird. Das ist mir sehr unangenehm, und ich fürchte, vor ihm das Gesicht zu verlieren. Wie kann ich mich auf das Gespräch vorbereiten?

Ich entnehme ihrer Situationsbeschreibung, dass Sie über viele Jahre hinweg eine verlässliche und engagierte Mitarbeiterin gewesen sind. Ihre Firma anerkannte Ihre Verdienste, worauf Sie stolz sind. Sie selber kennen sich als Frau, die alles dafür tut, den Ansprüchen Ihrer Umgebung gerecht zu werden. Jetzt betreuen Sie intensiv Ihre kranke Mutter, vermutlich ebenso pflichtbewusst und sorgfältig, wie Sie üblicherweise Ihre Arbeit erledigen. Das ist eine grosse zeitliche und persönliche Bürde und bringt Sie unvermeidlich an Ihre Belastungsgrenze.

Selbstverständlich hat die Arbeit im Geschäft nicht mehr immer erste Priorität. Natürlich sind Sie manchmal übermüdet oder unkonzentriert am Arbeitsplatz, sodass sich Fehler einschleichen. Ich kann mir gut vorstellen, dass das für Sie ungewohnt ist und Sie es als beschämend erleben. Ich kann auch nachvollziehen, dass Sie sich Gedanken darüber machen, was Ihr Chef dazu denken könnte.

Ich bin mir aber sicher, dass Sie beim nächsten MAG – auch wenn Ihre Fehler kritisiert werden sollten – das Gesicht nicht verlieren werden. Vielmehr hat sich bei Ihnen gerade ein anderes Gesicht gezeigt, vielleicht sogar ein authentischeres anstelle des bisherigen «idealen» Gesichts. Das irritiert Sie, und es fällt Ihnen noch schwer zu akzeptieren, dass es sich bemerkbar macht. Ist es aber tatsächlich so schrecklich wie angenommen? Ist es wirklich so unvertraut? Stösst es bei Ihrem Chef auf die von Ihnen erwartete Ablehnung?

Ich vermute, dass Sie es gewohnt sind, möglicherweise schon seit der Kindheit, sich so zu zeigen, wie es von Ihnen erwartet wird. Möglicherweise gab es nie eine Person, die Sie auch mit unangepasstem Verhalten, mit Fehlleistungen und eigenen Grenzen liebevoll angenommen hätte. Oder Sie meinten, aus sicherlich guten Gründen, Ihre Nächsten nie mit eigener Hilfsbedürftigkeit belasten zu dürfen. Vielleicht ist es Ihnen aber heute möglich, dazu zu stehen, dass die aktuelle familiäre Belastung Ihre sonst so gewohnte Leistungsfähigkeit im Geschäft stärker beeinträchtigt, als Sie es gerne möchten.

Zur Vorbereitung auf das MAG könnten Sie sich bewusst machen, dass Sie für den Betrieb eine wichtige Angestellte sind, auf deren jahrelange Erfahrung man angewiesen ist. Es wird von den allermeisten Vorgesetzten sehr geschätzt, wenn bewährte Mitarbeiterinnen offen über ihre privaten Belastungen sprechen. Suchen Sie nicht nach Rechtfertigungen für Ihre Fehler, sondern stehen Sie dazu, dass Sie mit den Gedanken manchmal bei der pflegebedürftigen Mutter sind. Vielleicht könnten Sie sich auch überlegen, ob Sie vom Betrieb, für den Sie über lange Jahre hinweg so viel geleistet haben, vorübergehend Unterstützung beanspruchen möchten (Arbeitszeitreduktion, Entlastung von Verantwortung oder ähnlich). Ihr «ideales» Gesicht zu wahren, wäre in Ihrer Situation auf jeden Fall blasse Energieverschwendung und vom Arbeitgeber auch gar nicht erwünscht.

Kindisch, wenn ich meine Frau anrufe?

Peter Schwob

Ich habe mir angewöhnt, ab und zu tagsüber, wenn ich Zeit habe, kurz meine Frau anzurufen. Wir erzählen einander dann, was wir gerade machen, trösten uns, wenn etwas schiefgegangen ist, oder klären etwas für die nächsten Tage. Wir sind kein frisch verliebtes Paar, sondern schon Jahrzehnte verheiratet; trotzdem wars mir wohl mit unserem Ritual, bis ein Freund kürzlich sagte, das sei doch kindisch. Ist es kindisch, wenn ich meine Frau anrufe?

Für diese Frage ist natürlich zuerst einmal sie zuständig, Ihre Frau: Empfindet sie es wie Sie als stärkend, tröstlich, verbindend, zärtlich oder eher störend, kontrollierend, bedürftig? Wahrscheinlich haben Sie ja schon darüber gesprochen – und trotzdem treibt Sie etwas um an der Bemerkung Ihres Freundes; irgendwo hat er einen Nerv getroffen.

In der Tat dünken mich das ständige Online- und Verbunden-Sein, die penetrante Frage «Was machst du gerade?», das Veröffentlichen privater Texte und Bilder oder auch Mitteilungen im Tram wie «ich bin jetzt dann gleich bei dir» kindisch. Wie wenn viele Leute nicht mehr allein, getrennt sein könnten, nicht mehr warten könnten, sondern sich andauernd der Gegenwart eines Andern versichern müssten oder seines Einverständnisses. Das Handy wird dann zur Nabelschnur, beileibe nicht nur zwischen Mutter und Kind, sondern auch zwischen Erwachsenen. «Na und?», könnte man sagen – schadet ja niemandem. Doch, würde ich entgegnen: Gefährdet die Autonomie der Beteiligten, verringert ihre Frustrationstoleranz und die Freiheit ihrer Gedanken, füllt jede drohende oder lockende Lücke, hält unbequeme Einfälle in Schach, schmälert die Bandbreite dessen, was den Weg ins Bewusstsein findet. Ähnlich wie Computer- und Handyspiele, Rauchen, Small-

tern in Illustrierten: Formen des Zeit-Totschlagens. Bloss: Was genau soll da totgeschlagen werden?

Andersherum gedacht: Wer ist Ihre Frau für Sie in genau dem Moment, in dem Sie sie anrufen? Was würde in Ihnen passieren, wenn Sie sie dann nicht anriefen? Was genau bedeutet Ihr Ausdruck «wenn ich Zeit habe»? Ich vermute, Sie sprechen von Momenten der Leere: Da ist nichts Dringendes, vielleicht sind Sie zufrieden, etwas erledigt zu haben, oder zögern vor dem nächsten Schritt, fühlen sich ein bisschen unsicher, orientierungslos, und der Gedanke an ein kurzes Telefongespräch mit Ihrer Frau hat etwas Stärkendes. Möglicherweise ist es dreimal dieselbe Unsicherheit: Im Moment des Telefon-Wunsches, bei der flapsigen Aussage Ihres Freundes und jetzt, da Sie sich bei mir vergewissern möchten. Die Tatsache, dass Sie sich manchmal unsicher fühlen, hätte für mich gar nichts Kindisches, verweist im Gegenteil darauf, dass Sie offen sind für innere und äussere Unwägbarkeiten.

Schade (oder kindlich?) wäre es eher, wenn Sie diese Unsicherheit nicht ertrügen und sie zu lindern versuchten, indem Sie sich auf jemand anders abstützen. Schade, aber durchaus nachvollziehbar: Wenn man als Paar zusammenlebt, und erst recht, wenn man das jahrzehntelang schafft wie Sie zwei, gewinnt man an Stabilität und Gelassenheit, stützt sich gegenseitig bei all den Schwierigkeiten des Lebens. Es besteht aber die Gefahr, dass man sich zu sehr einander anpasst, Unterschiede vermeidet und zusehends weniger der und die ist, die man eigentlich ist. Oft schleicht sich in die Paar-Geborgenheit auch leise etwas von einer Mutter-Sohn- oder Vater-Tochter-Beziehung ein. Da wären Momente der Leere und des Eigensinns äusserst belebend.

Engel, gibt's die?

Gisela Zeller-Steinbrich

Neulich fragte mich meine 7jährige Enkelin, ob es Engel gibt. Mit Weihnachtsmann und Osterhase hat sie ihren Frieden gemacht. Sie glaube jetzt nicht mehr daran, «höchstens noch ein ganz kleines bisschen». Das mit den Engeln will sie nun aber genau wissen. Sie lässt nicht locker. Bisher bin ich ausgewichen. Wir sind alle nicht religiös und ihre Eltern meinen, ich soll ihr klar sagen, wie es ist. Trotzdem bin ich unsicher.

In der Oper «Hänsel und Gretel» gibt es eine sehr schöne Arie: «Abends, wenn ich schlafen geh, 14 Engel um mich steh'n, zwei zu meiner Rechten, zwei zu meiner Linken ... » Als beruhigendes Gegenbild zur bedrohlichen Hexe braucht es offenbar einen ganzen Trupp der Schutzbieter. Das Kind soll nicht befürchten müssen, sein eigenes Böse-Sein auf die Mutter könnte diese auch wütend machen und zur bösen Hexe werden lassen. Eigener Ärger vergrössert ja die Angst.

Kinderängste können heftig sein, aber auch wir Erwachsenen wünschen uns oft Absicherung von «höherer Stelle» im Leben oder bei Entscheidungen, aus einem Wunsch nach umfassender Sicherheit. Die Engelswächter im Lied stehen ja auch rundum.

Nun ist es aber mit den Engeln so: Weil niemand je einen sah, gibt es die verschiedensten Vorstellungen, von putzigen Putten bis zu stolzen Engeln mit mächtigen Flügeln, als Einzelfälle der Kunstgeschichte sogar mit Brüsten. In der Regel aber unschuldig kindlich oder geschlechtslos, also auch nicht geplagt von sexuellen Bedrängnissen. Höhere Wesen eben. Jeder kann sich Engel so denken, wie er sie braucht. Haben sie überhaupt ein Wesen? Sind sie körperlos? Passen drei Engel auf eine Nadelspitze? Solche Themen waren im

Mittelalter hoch brisant. Und für uns Heutige bleibt die Frage: Gibt es auch ohne magisches Denken mehr, als wir sehen können? Klar ist: Engel sollen mehr Möglichkeiten haben als wir Normalsterblichen. Und eben, sie müssen nicht sterben, kennen also keine Angst vor dem Tod.

Wenn uns frühe Beziehungen grundlegendes Vertrauen vermittelt haben, können Ängste und Unsicherheiten eher ertragen werden. Aber auch Urvertrauen ist nicht ein für alle Mal gegeben. Es muss stets neu bestätigt werden. Schmerzhafte Trennungen, Erfahrungen von Untreue, nicht eingehaltene Zusagen führen zu Erschütterungen. Ihre Enkelin ist in einem Alter, wo das magische Denken der Vorschulzeit einer realistischeren Sicht weicht. Sie erfährt in der Schule, wie andere Kinder die Welt sehen, und spürt wohl auch, dass sie nun zunehmend auf sich allein gestellt ist.

Kinder werden nicht gefragt, ob sie zur Welt kommen wollen. Als Gegengabe für diese Unfreiheit machen wir ihnen ein implizites Versprechen: Beschützend für sie da zu sein und sie in ihrer Entwicklung fördernd zu begleiten. Das Bild von Engeln als hilfreiche, beschützende Wesen hilft Kindern gegen die Angst. Weil es aber auch uns Erwachsenen dabei hilft, unsere Unzulänglichkeit bei dieser Aufgabe und unsere Angst um die Kinder auszuhalten, wollen wir nicht schnöde sagen, «Engel, die gibt's doch nicht».

Ältere Menschen haben oft ein gutes Gespür für existenzielle Dinge. Also stellen ihnen Kinder solche Fragen. Was würde ich einer 7-Jährigen antworten? «Wissen können wir es nie, nur glauben. Schutzengel sind eine wunderbare Vorstellung: Eine stets gute behütende Macht, damit Du Vertrauen haben und zuversichtlich sein kannst. Und weil du nun älter bist und mehr alleine unterwegs, solltest du eng mit deinem Schutzengel zusammenarbeiten und gut auf Dich aufpassen.»

Es ist schwer, mit der Mutter zu streiten

Sabine Brunner

Ich bin zwar längst erwachsen (40j, m), frage mich aber doch immer wieder, ob ich mit meiner Mutter streiten darf oder ob das falsch ist. Wenn ich mit etwas nicht einverstanden bin und es ihr sage, reagiert sie immer sehr verletzt, und ich bekomme grosse Schuldgefühle. Sie vergibt mir zwar nach einiger Zeit wieder, aber ich fühle mich trotzdem schlecht.

Streiten will gelernt sein. Und gerade mit der eigenen Mutter fällt das vielen schwer. Dabei sind es die engen und nahen Beziehungen, die uns speziell herausfordern und in denen es immer wieder etwas zu klären gibt.

Aus meiner Sicht stellt sich deshalb weniger die Frage, ob Sie mit Ihrer Mutter streiten dürfen, sondern vielmehr, ob Sie es möchten, und wenn ja, wie Sie es tun. Und vielleicht auch, wie Sie mit den Reaktionen Ihrer Mutter umgehen möchten. Beziehungen haben eine Geschichte. Als Kleinkind ist man von den Eltern existenziell abhängig und ihnen in mancher Hinsicht ausgeliefert. Dabei geht es nicht nur darum, körperlich umsorgt zu werden, sondern auch um emotionale Zuwendung.

Wir sind beispielsweise darauf angewiesen, dass unsere Mutter oder unser Vater uns tröstet, wenn wir aufgrund von Hunger, Schmerz, Unruhe oder Langeweile aus dem inneren Gleichgewicht geraten. Erst nach und nach lernen wir, uns selbst zu beruhigen. Deshalb ist es in jungen Jahren fast schon gefährlich, auf seine Mutter wütend zu sein, weil wir auf diese Weise nicht zum nötigen Trost oder zur notwendigen Fürsorge kommen. Gewisse Eltern reagieren ihrerseits wirklich mit Ärger oder emotionaler Abwendung, wenn ihr Kind sich nicht gemäss ihren Vorstellungen verhält oder ihnen gar Widerstand leistet. Speziell verletzlich sind sie, wenn das Verhalten ihres Kindes sie an unangenehme Situationen in ihrer eigenen Kindheit erinnert.

Möglicherweise hat Ihre Mutter negative Erfahrungen mit Streitgesprächen und Konflikten gemacht, und so reagiert sie besonders verletzt, wenn ihr Sohn sie kritisiert. Und Sie haben offenbar gelernt, bei Ihrer Mutter möglichst wenig Kritik anzubringen, um sie nicht zu verletzen. Dieses Muster scheint recht wirksam zu sein, sodass Sie auch heute noch mit starken Schuldgefühlen reagieren und sich schlecht fühlen, wenn Sie es dennoch tun.

Eine lebendige Beziehung braucht Auseinandersetzung, und es fühlt sich starr und einengend an, wenn man nicht auch Kritisches äussern, nicht ab und zu streiten kann. Dabei ist es wie immer «le ton qui fait la musique». Man kann Kritik tatsächlich richtig harsch, anklagend oder aggressiv anbringen, was dann schnell beim Gegenüber ein Gefühl von Verletzung auslöst. Auch bezüglich des Zeitpunktes für Streitgespräche gibt es bessere und schlechtere. Wenn man weiss, dass jemand speziell verletzlich ist, kann man sich vielleicht mit flapsigen Bemerkungen etwas zurückhalten.

Doch bei aller Rücksichtnahme können wir nicht verhindern, dass unser Gegenüber auf Kritik manchmal verletzt reagiert. Und so stellt sich hier die grundsätzliche Frage, wie viel Raum man sich selber dafür einräumen möchte, Wünsche oder eine eigene Meinung zu äussern, unabhängig von den Gefühlen anderer. Und man muss es dann aushalten, wenn das Gegenüber auf Kritik negativ reagiert. Sicher bewirkt man mit einer Auseinandersetzung nicht nur Negatives, denn immerhin versucht man ja, in der Beziehung etwas zu klären und zu verbessern. Und ständiges Vermeiden von Kritik und Streit erzeugt letztlich eine beziehungsmässige Distanzierung.

Wo darf ich zuhause sein?

Jörg Hirsch

Daheim fühlte ich (w, 22) mich nie wahrgenommen, alles drehte sich um meine drei älteren Geschwister. Dann lernte ich einen jungen Mann kennen, bei dem ich endlich das Gefühl hatte, gesehen zu werden, wie ich bin. Wir heirateten und sind glücklich miteinander. Da er einer Religionsgemeinschaft angehört, kam ich so in Kontakt mit seinem Glauben, der nun auch der meine ist – und ich fühle mich sehr wohl damit. Doch meine Eltern sind sehr unglücklich mit meiner Wahl und wollen mich am liebsten wieder da herausholen. Was soll ich tun?

Sie sind als Jüngste Ihrer Familie aufgewachsen, und Ihre Geschwister bestimmten das Bild, zum Beispiel durch Gespräche am Esstisch? Sie gingen unter, und niemand hat es bemerkt? Sie galten als ruhig und zurückhaltend, waren aber in Wirklichkeit einfach nicht laut genug, um wahrgenommen zu werden? Sie fühlten sich in Ihrer Familie nie gesehen? Da muss sich eine Menge Frustration in Ihnen angesammelt haben! Dann begegnen Sie einem jungen Mann, der Ihnen endlich die ersehnte Aufmerksamkeit schenkt. Und sein Glaube ist für Sie keine Irritation, sondern ein weiteres Geschenk.

Da Sie von «Glauben» sprechen, hat er wohl einen christlichen Hintergrund. Wenn man sich nicht zu den grossen Konfessionen bekennt, gilt man als einer Sekte zugehörig, und das wird oft mit Misstrauen betrachtet. Dass also Ihre Eltern mit Sorge um Sie reagieren, ist nachvollziehbar und wahrscheinlich geprägt von Nichtwissen oder von einer «Aussensicht», die die Dinge anders bewertet, als Sie es von innen tun.

Jede Glaubensrichtung hat eine eigene Sicht auf den Kern des Lebens – meist überzeugt davon, die einzig richtige Sicht zu haben. Das wäre ja vielleicht gar nicht das Problem, sondern eher, wie sich das Verhältnis zu den andern gestaltet. Die Abgrenzung dient ja auch dazu, die eigene Überzeugung zu festigen. Doch es gibt auch Gemeinsamkeiten zwischen den Glaubensrichtungen: Alle sind sich darin einig, dass man sich bemüht, ehrlich zu sein und ein guter Mensch im Sinne seiner Überzeugung; ein Leben zu führen, das dem Wohl des Ganzen dient, und dabei ein offenes, mitfühlendes Herz zu haben. Ist das auch für Sie so? Dann haben Sie vielleicht Ihren Eltern gegenüber Überzeugungsarbeit zu leisten, nicht im Sinne von missionieren, sondern eher, um ihnen aufzuzeigen, dass Sie mit Ihrer Wahl glücklich sind und das Recht haben, Ihren Weg weiter zu verfolgen.

Wenn ich Sie richtig verstanden habe, haben Sie aber auch noch Schweres in Ihrem Rucksack: Was hat das andauernde Gefühl, nicht gesehen zu werden, mit Ihnen gemacht? Hat es sich in Ihrer Persönlichkeit niedergeschlagen? Sind Sie vielleicht unsicher und schüchtern? Möchten Sie es anderen zu sehr recht machen? Dann beinhaltet Ihr weiterer Weg auch die Arbeit an der eigenen Person, die angemessene Abgrenzung, das Für-sich-selber-Einstehen. Das kann egoistisch erscheinen und im Widerspruch zu einer religiösen Überzeugung. Aber ich finde, es ist weniger egoistisch, zu sich selber zu stehen, als sich «selbstlos» hinter dem Wohlwollen anderer zu verstecken. Ihr Glaube kann Ihnen in der Persönlichkeitsentwicklung helfen, aber ebenso das Nachdenken über Ihre Lebensgeschichte, ganz Jesu Worten folgend, «Vater und Mutter hinter sich zu lassen», also die eigene Geschichte so zu verarbeiten, dass sie einem nicht mehr im Wege steht. Dann laufen Sie auch nicht Gefahr, sich im Groll von Ihrer Familie abzusondern.

Es sind immer die anderen

Susann Ziegler

Gestern hörte ich zum x-ten Mal von meinem Chef, er akzeptiere mein Verhalten nicht: Meine Rauchpausen seien zu häufig, ich käme mindestens einmal pro Woche zu spät und sei zu viel krank. Zudem sei ich unkollegial, weil ich nur für mich den Kaffee hole etc. Ich finde, man kann sich ja mal verschlafen, und wenn ich Kopfweh habe, will ich mich wirklich nicht zur Arbeit schleppen müssen. Langsam stinkt es mir, und ich habe Lust, die Stelle zu wechseln. Wie kann ich dem Herrn beibringen, dass die Jugend heute anders tickt als zu seinen Zeiten?

Mir scheint Ihre Haltung, dem Chef etwas beibringen zu müssen, nicht geeignet, dem Problem auf den Grund zu gehen. Ich nehme an, Sie treffen an der nächsten Arbeitsstelle auf ähnliche Anforderungen und sind dann keinen Schritt weiter. Laut Ihrer Argumentation sind die geäusserten Kritikpunkte nicht aus der Luft gegriffen. Warum also wehren Sie diese alltäglichen Forderungen als Zumutung ab? Mir scheint es nicht zuviel verlangt, dass Sie pünktlich und regelmässig zur Arbeit zu erscheinen haben und für die Stimmung im Betrieb mitverantwortlich sind. Wenn Sie sich diesen Alltagsanforderungen verweigern, machen Sie sich unbeliebt und begeben sich in einen Teufelskreis. Ihr elendes Gefühl darüber wehren Sie mit dem Argument des Generationenunterschiedes ab. Sie orten die Ursachen in der Unzulänglichkeit von Personen und Situationen, nur nicht bei sich selber. Es liegt Ihnen fern, sich dafür verantwortlich zu fühlen. Es sind immer die andern.

Sie überlegen sich sogar, die Stelle zu wechseln. Denn Sie möchten geschätzt, respektiert und gelobt werden. Das ist ein sehr menschlicher

Wunsch, und Sie dürfen ihm ruhig mehr Raum geben und damit auch der Trauer darüber, dass es zurzeit anders läuft und Sie darunter leiden. Unsicherheit und geknicktes Selbstwertgefühl bewirken, dass Sie das Problem bei den andern wahrnehmen und nicht bei sich selbst. In der Psychologie nennt man diese sehr häufige Art, sich vor belastenden Gefühlen zu schützen, Projektion.

Ich kann mir vorstellen, dass Sie eine lange Geschichte haben, in der Sie viel lieblose Kritik erleben mussten. Das ist tief in Sie eingeschrieben, und dem wollen Sie endlich einen Riegel schieben. Die erneute Kritik lehnen Sie empört ab – Sie empfinden sie als weitere Zerstörung Ihrer selbst und möchten keine zusätzlichen Verunsicherungen in sich aufnehmen müssen. Darum definieren Sie das, was kommt, als nörglerisch und altmodisch, damit Sie es weit von sich weisen können. Sie gestatten sich nicht, ihren Zweifel zu spüren. Es ist für Sie fast nicht vorstellbar, dass Sie mit Anstrengung Erfolge erreichen können. Woher kommt diese Spirale negativer Überzeugung? Welche Gedanken stecken dahinter? Welche bedrohlichen Ängste bestimmen Sie? Sie sind äusserst verwundbar geworden – wer hat Sie so verletzt und geschwächt?

Die Frage, glaube ich, heisst nicht: Wie ändere ich meinen Chef. Sondern: Was kann ich selbst bei mir anders machen? Ihr Chef hat Sie noch nicht hinausgeschmissen, er redet immer noch mit Ihnen. Wollen Sie nicht mit ihm klären, welchem Kritikpunkt er Priorität einräumt und ob er eine Idee hat, wie er Sie bei der Veränderung unterstützen könnte? Damit bekunden Sie guten Willen, und das markiert einen Neubeginn. Das ist eine grosse Herausforderung, die ich Ihnen aber zutraue. Wenn Sie ihr Verhalten besser steuern können, bekommen Sie Selbstvertrauen und ertragen Kritik besser. Eine etwaige Stellensuche wird danach eine ganz andere Bedeutung bekommen.

Vom Velo herunterschreien

Peter Schwob

Unser 16-Jähriger ist voll in der Pubertät, wie man so sagt. Konkret heisst das, dass er zu Hause viel herummotzt und sich gegen alles Mögliche wehrt, inklusive Hausaufgaben. Das bekommen wir aber zusammen immer irgendwie hin, und die Schule meistert er auch. Was mir im Moment Sorgen macht, ist, dass er (begeisterter Alltags-Velofahrer, der er ist) sich im Verkehr oft mit Autofahrern anlegt: Wenn ihm einer zu nahe kommt oder sonst etwas Verbotenes macht, schreit er ihn vom Sattel herunter an und erzählt uns hinterher mit geschwellter Brust davon. Ich schwanke dann zwischen Stolz und Schrecken.

Stolz und Schrecken – beides gefällt ihm vermutlich. Ihr Erschrecken signalisiert ihm, dass er wirklich etwas Gefährliches wagt, nicht lauwarm lebt; Ihr Stolz stärkt ihm das Rückgrat, weil Sie ihm zeigen, dass Sie eine ähnliche Vorstellung von Zivilcourage, Gerechtigkeit und Stärke haben wie er. Beides kann er in den Wirren und Zweifeln der Pubertät gut gebrauchen. Darüber hinaus sind das unmittelbare und intime Momente, in denen er erzählt und Sie daran Anteil nehmen, und sie helfen Ihnen als Familie, über die Runden zu kommen; sie wirken wie ein Blitzableiter für die gegenseitige Aggression, die in Familien mit Pubertierenden oft in der Luft liegt.

    Ich kann sein Schreien gut nachvollziehen. Man ist als Velofahrer ungeheuer verletzlich, darüber helfen weder ein moralischer Bonus, den man für sich in Anspruch nehmen mag, noch eine leider weitverbreitete unverschämte Fahrweise hinweg. Man erlebt hoch oben im Sattel heftige Gefühle zwischen Kraft, Angst und Wut, denen Luft zu machen etwas Befreiendes hat. Im Grunde gefällt mir dieser unmittelbare, nicht technisch verfremdete Kontakt auf der Strasse.

Was macht Ihnen Sorgen? Dass Ihr Sohn eine Schlägerei provozieren könnte? Diese Gefahr ist nicht von der Hand zu weisen – sie macht wohl einen Teil des Genusses aus, den er beim Schreien empfindet; er kann dabei wunderbar üben, seine Aggressivität zu dosieren. Oder eher, dass er sich innerlich in eine rechthaberische Position manövriert? Auch das ist leicht möglich – schliesslich hat in unserer Erzähl-Tradition David immer recht, auch oder gerade dann, wenn er den Kampf gegen Goliath verliert. Oder macht Ihnen seine Militanz zu schaffen, weil Sie stiller sind und ihn lieber stiller durchs Leben gehen sähen?

Apropos Stille: Haben Sie genügend Streit zu Hause? Ein bekannter Jugendpsychologe hat Lehrerinnen und Lehrern einmal empfohlen, sie sollten viel Kraft dafür aufwenden, Regeln auf vergleichsweise unwichtigen Gebieten durchzusetzen wie Ordnung, Kleider und Hausaufgaben; wer das nicht tue, riskiere, dass die Jugendlichen bei den wirklich wichtigen Fragen aufsässig werden: bei Gewalt, Delinquenz, Drogen – oder Ausbildung, Essen, politischem oder religiösem Extremismus. Hinter dem Rat steht die Erkenntnis, dass Jugendliche, um sich von Eltern, Schule und den eigenen passiven Wünschen ablösen zu können, viel Auseinandersetzung brauchen und suchen. Sie wollen, nein: Sie müssen gesehen, ernstgenommen und auf die Probe gestellt werden, sie als Personen und auch das, was sie denken und fühlen.

Und genau dahin gehört der Streit zu Hause – um vergleichsweise unwichtige Dinge wie (realistische, paritätische, nicht nur symbolische!) Mithilfe im Haushalt, Auskommen mit dem Taschengeld-Budget ohne Nachzahlung durch die Eltern und Einhalten der Zeit, die fürs Nach-Hause-Kommen ausgehandelt oder festgesetzt wurde. Oder Schreien vom Velo herunter…

Meine Mutter hat Alzheimer, ich bin genervt

Sabine Brunner

Meine Mutter ist 80 Jahre alt und leidet seit einigen Jahren an Alzheimer. Inzwischen lebt sie in einem Pflegeheim. Ich gehe recht oft zu ihr, in der Regel zweimal pro Woche, esse mit ihr und erledige alles Administrative. Das finde ich richtig und gut. Schwieriger ist es für mich, mit ihr zu reden. Manchmal verfängt sie sich richtiggehend in einem Thema und sagt dann beispielsweise immer wieder, sie müsse nun gehen, weil sie noch einzukaufen und zu kochen habe. Ich habe Mühe, damit umzugehen. Wenn ich sage, sie müsse nicht gehen, nicht einkaufen und nicht kochen, dann nützt das nichts. Sie macht einfach weiter. Bis ich mich genervt abwende.

Menschen mit einer Alzheimer-Demenz leiden darunter, dass ihre Wahrnehmungs-, Denk- und Erinnerungsfähigkeit immer mehr beeinträchtigt wird. Dies beeinflusst ihr ganzes Leben und Sein. Sie bekommen Mühe, ihren Alltag zu bewältigen, zeigen verändertes und bisweilen auch skurriles Verhalten. Oft erleben sie dabei belastende Gefühle, von depressiv bis aggressiv-erregt und manchmal auch schnell wechselnd.

Man kann sich vorstellen, dass es schlimm ist, wenn das Gehirn «nicht mehr will», wenn man sich an gewisse Dinge einfach nicht mehr erinnert, sich auf einem Weg nicht mehr orientieren kann und die Abläufe im Alltag nicht mehr versteht. Ihre Mutter ist nun im Pflegeheim, sie kann offenbar nicht mehr selbstständig leben; sie hat aber ein ganzes Leben mit vielen Beziehungen, Rollen und Aufgaben hinter sich. Da die Erinnerungen daran aufgrund ihrer Krankheit nicht mehr schön geordnet abgerufen und eingeordnet werden können, tauchen sie in ihr plötzlich und unzusammenhängend auf, setzen sich im jetzigen Erleben fest und erscheinen ihr dann aktuell und dringlich. Es ist davon auszugehen, dass vor allem diejenigen Erinnerungen, die für ihre Mutter speziell nach einer Lösung drängen oder irgendwie konfliktbeladen sind, sie auch in eine besondere Aufregung versetzen. Ihre Mutter möchte dann wohl, wie alle Menschen, die (vermeintlich) vor ihr liegende Aufgabe möglichst bald lösen.

Es hilft Demenzkranken nichts, wenn man sie darauf hinweist, sie müssten sich keine Sorgen machen. Und es hilft nicht, ihnen entgegenzuhalten, was real ist. Ihr Realitätserleben wird durch ihre Erinnerung bestimmt, nicht durch das, was jetzt für uns andere wahr ist. Als hilfreich hat es sich hingegen erwiesen, wenn man versucht, die hinter einer Äusserung liegende Stimmung und vielleicht auch die dahinterliegende Erinnerung selbst zu erfassen und das Gespräch in die entsprechende Richtung zu lenken.

Ihre Mutter erinnert sich offenbar an ihre Aufgaben als Hausfrau und kommt in Stress, weil sie gemäss dieser Erinnerung noch einiges erledigen sollte. Vielleicht hat sie früher diesen Stress oft erlebt. Dann könnte es ihr helfen, wenn Sie auf diese Aufgaben und die Stressgefühle dabei eingehen würden. Beispielsweise mit der Bemerkung, dass man als Hausfrau manchmal sehr viel zu tun hat und die Zeit drängt. Oder dass man natürlich in Stress kommt, wenn noch nicht alles erledigt ist.

Ziel ist, dass ihre Mutter sich in ihrem Erleben richtig verstanden fühlt. Das hilft ihr, von der Fixierung an die Erinnerung loszukommen und sich wieder dem Moment zuzuwenden. Vielleicht können Sie sogar miteinander noch etwas weiter in die Erinnerung der Mutter eintauchen, und Sie erfahren etwas von dem, wie Ihre Mutter frühere Situationen erlebt und was sie dabei beschäftigt hat. Das könnte auch für Sie spannend werden!

Leidenschaft, das Salz in der Suppe

Thomas Kern

Ich (m, 45) arbeite im sozialen Bereich. Bis vor kurzem erfüllte mich meine Arbeit, und ich lebte zufrieden mit meiner Partnerin und zwei gemeinsamen Töchtern (5 und 7) zusammen. Vor einem Jahr bat mich meine ehemalige Jazz-Band, in der ich bis zur Geburt der ersten Tochter gesungen hatte, ihren schwer erkrankten Sänger zu ersetzen. Nach anfänglichem Zögern sagte ich zu, und nun bin ich so leidenschaftlich dabei, dass ich meinen Beruf am liebsten an den Nagel hängen und mich ganz der Musik widmen würde. Meine Partnerin ist aber gar nicht glücklich darüber und sieht unser Familienglück in Gefahr. Was denken Sie? Ist das bloss eine kurzfristige Begeisterung, oder sollte ich dieser Leidenschaft nachgehen?

Kurzfristig scheint mir Ihre Begeisterung nicht zu sein – Musik war Ihnen ja schon früher wichtig. Allerdings sind Sie mittlerweile für eine Familie und nicht nur für Ihr alleiniges Leben verantwortlich. Als freischaffender Jazz-Musiker würden Sie viel weniger verdienen als jetzt. Und wenn Sie auf Tournee wären, könnten sie die Rolle des verlässlichen Vaters kaum noch ausüben. Natürlich ist Ihnen bewusst, dass es heikel werden könnte, ganz auf die Musik zu setzen; und doch scheint es einen Anteil in Ihnen zu geben, der sich nicht mit scheinbar vernünftigen Argumenten abfertigen lässt, sondern gehört werden will. Was hat er Ihnen wohl zu sagen, für welche Bedürfnisse und Motive steht er, wonach sehnt er sich?

Vielleicht gibt es Eigenschaften, Vorlieben, Talente, die in Ihrem jetzigen Leben zu kurz kommen. Im Alltag einer Kleinfamilie schleicht sich oft ein gewisser Trott ein. Vielleicht ist die Beziehung zu Ihrer Partnerin nicht mehr von derselben Leidenschaft geprägt wie zu Beginn. Gut möglich, dass Sie bei ihrer Arbeit nicht alle Seiten leben können. Vielleicht treten sogar Ernüchterungs- und Ermüdungserscheinungen bei Ihnen auf. Könnte es sein, dass Sie über die intensiven Erfahrungen während eines Auftritts ihre extrovertierte Seite wieder vermehrt ausleben können? Plötzlich ist die im Alltag vermisste Leidenschaft wieder da. Dann sind Sie ganz bei sich und spüren pures Glück, wenn das Publikum Ihnen nach einem gelungenen Auftritt applaudiert. Was sollte daran schlecht sein?

Leidenschaft im Leben zu empfinden, ist wie das Salz in der Suppe. Es macht Sie lebendig, und davon profitiert auch ihre Familie. Aber die Frage ist, wie viel Platz die Leidenschaft für die Musik in Ihrem Leben einnehmen kann. Dazu hat natürlich auch Ihre Partnerin etwas zu sagen. Sie müssten Sie unbedingt frühzeitig in Ihre Pläne einbeziehen. Wenn es nicht ohne Verzicht auf ein professionelles Engagement geht, könnten Sie das Singen vielleicht auch in einem weniger ambitionierten Rahmen betreiben. Sicher liessen sich auch im jetzigen Alltag wieder Gelegenheiten finden, um verborgene Seiten und Leidenschaften zu leben.

Sollten Sie allerdings zur Überzeugung kommen, nicht zufrieden leben zu können, wenn Sie der Berufung zur Musik nicht folgen, dann gäbe es wohl kein Halten mehr. Von der Verantwortung für ihre Familie wären Sie damit allerdings nicht befreit. Zumindest mit den Konsequenzen, die Sie aus ihrem Umfeld zu spüren bekämen, müssten Sie leben lernen. Ein wahrscheinlich schmerzhafter Prozess stünde Ihnen bevor, der die Freude an der neugewonnenen Selbstverwirklichung schnell trüben könnte. Aber, verrückter Gedanke: Genau in diesem Ringen darum, was möglich und was nötig ist, kann Ihre Leidenschaft aufleben!

Kinder oder keine – muss ich mich rechtfertigen?

Gisela Zeller-Steinbrich

Meine Frau und ich (37 und 45) sind seit acht Jahren zusammen, beide engagiert im Beruf, mit gemeinsamen Interessen und einem stabilen Freundeskreis. Meine Frau meint immer, uns gehe es doch auch ohne Kinder gut, und sie werde nie die Supermutter. Zudem sieht sie im Unternehmen, dass Frauen, die lange pausieren oder Teilzeit arbeiten, kaum noch interessante Aufgaben bekommen. Ich habe an meinen Eltern erlebt, welche Überforderung Kinder sein können, und war deshalb auch nie sehr auf Kinder aus. Nun hat wieder ein Kollege von mir eine kleine Tochter bekommen, und ich werde immer öfter gefragt: ‹Wollt Ihr denn keine Kinder?› Das setzt mich unter Druck.

Leider ist es üblich geworden, intimste Fragen in aller Öffentlichkeit zu verhandeln. Wenn auf dem Weihnachtsbild von William und Kate das sogenannte «Babybäuchlein» nicht ersichtlich ist, wird das in der Presse bemängelt. Vorbei sind die Zeiten, in denen ein Paar «guter Hoffnung» war (eine innere Angelegenheit) und die Mitmenschen diskret damit umgingen. Ich wünsche uns nicht die körperfeindlichen 50er-Jahre zurück, in denen das zu Erwartende schamhaft unter wallendem Plissee verborgen wurde.

Aber ich finde, das Pendel ist zu weit in die andere Richtung ausgeschlagen. Nicht, weil schwangere Frauen in berechtigtem Selbstbewusstsein ihren Zustand zeigen, sondern weil nun alle Welt meint, Zugriff auf persönlichste Informationen zu haben. Schwangerschaft und Neugeborenes werden allzu oft wie eine Trophäe behandelt.

Ob Sie zu zweit bleiben oder eine Familie gründen, ist einzig und allein Ihre Sache und die Ihrer Frau. Weder sehnsüchtige Wunsch-Grosseltern noch

Freunde, die Leidensgenossen für die Baby-Zeit suchen oder ihre Freude teilen wollen, haben mitzureden. «Kinder oder keine?» ist eine der intimsten und zugleich weitreichendsten Fragen in einer Partnerschaft. Und dort, mit Ihrer Partnerin, müssen Sie das klären – nicht mit Kollegen, mit den Eltern oder in sozialen Netzwerken.

Dass Sie Druck erleben, könnte darauf hinweisen, dass Sie selbst letztlich in der Frage nicht sicher sind. Heisst das, es besteht ein latenter Kinderwunsch, bloss wollen Sie vielleicht Ihr Leben nicht tiefgreifend umstellen? Schlummert tief in Ihnen die Überzeugung, dass Kinder «irgendwie dazugehören» oder dass Lebenserfolg auch Nachwuchs einschliesst? Sehen Sie keine gute Lösung für das Dilemma Ihrer Frau und wollen anderseits nicht alles mit ihr teilen, indem auch Sie nicht mehr Vollzeit arbeiten? Schont Ihre Frau Sie in der Frage, weil Sie die bis heute wirksamen Rollenerwartungen verinnerlicht hat und auch selbst meint, es wäre an ihr alleine, das Problem Kinder vs. Beruf zu lösen? Sind Sie beide ängstlich aufgrund Ihrer Vorgeschichte?

Die Entscheidung für oder gegen Kinder ist nicht leicht in einer Gesellschaft, in der Nachwuchs oft mit dem Happy End im Film gleichgesetzt wird. Menschen, die gut überlegen, weil sie wissen, nach der publikumswirksamen Schwangerschafts- oder Geburtsverkündung beginnen die Aufgaben erst, wären oft gute Eltern.

Die Frage «Kinder oder keine?» berührt das Selbstverständnis und die Lebensführung: Wer bin ich, und wie sehe ich mich im Leben? Wie sehen wir unsere Zukunft? Wie gestalten wir unsere Partnerschaft? Solche Fragen gehören nicht auf den Marktplatz und dürfen zurückgewiesen werden. Sie mit sich und der Partnerin rechtzeitig zu klären, bevor keine Wahlmöglichkeit mehr besteht, empfiehlt sich aber dringend.

Zurück in den Beruf – auch wenn der Partner aufmuckt

Susann Ziegler

Meine Kinder sind nun fünf und sieben Jahre alt, und ich habe in letzter Zeit grosse Lust, wieder meinem Beruf als Sekretärin nachzugehen. Als ich dies meinem Mann sagte, wurde er sehr ruhig, gab mir zu bedenken, das wäre den Kindern abträglich, und machte mir vor allem klar, dass er nicht die geringste Anstrengung unternehmen werde, mich dabei zu unterstützen. Nun plagt mich ein schlechtes Gewissen: Auch wenn ich nur Teilzeit wieder einsteige und alles gut organisiere – so ganz ohne Unterstützung stelle ich es mir schwierig vor. Ich bin sehr enttäuscht. Soll ich nun gegen seinen klaren Widerstand zur Arbeit oder unglücklich zu Hause bleiben?

Sie sollen zur Arbeit – das dürfte im 21. Jahrhundert klar sein. Sie nehmen einen «klaren Widerstand» als gesetzt an, aber das möchte ich hinterfragen. Dazu später. Eigentlich ginge es in einer guten Ehe darum, dass sich die Partner bei der je eigenen Selbstverwirklichung unterstützen und am Weg des anderen wohlwollend-kritisch teilnehmen. Diese Idealforderung scheint bei Ihnen im Moment nicht erfüllt zu sein. Das gibts, sollte Sie aber nicht von Ihrem Ziel abbringen. Die Kinder werden immer älter, und sie entwickeln ihr eigenes Leben, genauso wie Ihr Mann sich im Beruf offensichtlich wohl fühlt und sich nicht bremsen lassen mag. Wie kommt es, dass Sie deswegen Ihre Wünsche infrage stellen? Sind Sie unsicher, zweifelnd wegen der Belastung, noch nicht ganz entschlossen? Diese Fragen mit sich selbst zu klären, hat Vorrang.

Danach geht es darum, den Widerstand Ihres Ehemannes zu verstehen, nicht aber, ihm nachzugeben. Sie waren nun mindestens sieben Jahre ganz verfügbar, machten Hintergrunddienst, versorgten die Familie, und er wurde zu Hause entlastet und erfüllte die Rolle des Ernährers. Nun steht eine Änderung an, und das erzeugt Angst und Verunsicherung: Die Bequemlichkeit wird geringer, ein Hemd bleibt ungebügelt, das Essen kommt manchmal aus dem Mikrowellengerät, die Kinder sind hin und wieder unbeaufsichtigt, manchmal fehlt es an Sauberkeit ... zudem werden Sie Geld verdienen und sich auch dadurch verselbstständigen. Sie bekommen wieder eigene Berufserfahrung, was diejenige Ihres Mannes relativiert. Wer also hört wem zu, wenn von der Arbeit berichtet wird, begeistert oder jammernd? Wird es Konkurrenz geben, wenn die gesellschaftlichen Rollen sich angleichen? Bedroht ihn das in seiner Potenz im weitesten Sinne?

Zudem ist zu bedenken, dass sich in einem Berufsumfeld neue Beziehungen ergeben, ArbeitskollegInnen eine neue Bedeutung bekommen und diejenige Ihres Mannes relativieren. Dies kann bedrohlich wirken, zurzeit vor allem in der Fantasie. Es geht beim Verstehen nicht darum, alle seine möglichen Ängste und Bedenken aus dem Wege zu räumen, das wäre nicht zu bewältigen, und Sie sollen auch nicht eine «Erlaubnis» erwirken. Blicken Sie eigenständig in die Zukunft und versuchen Sie, sich Ihrem Ziel anzunähern. Sie ahnen ja schon, dass Sie ganz viel alleine durchtragen müssen. Wenn Sie nach dem Entscheid und dem Wiedereinstieg wieder etwas Sicherheit gewonnen haben, kommen Sie kaum darum herum, auch grundsätzliche Fragen, Ansprüche und Wünsche an die Beziehung mit Ihrem Mann zu besprechen.

Wer weiss: Vielleicht zeigt sich nach dem ersten Schrecken und dank der realen Erfahrung sogar eine Entspannung. Den Wiedereinstieg in den Beruf würde ich aber nicht von vorneherein mit Beziehungsfragen vermischen, das würde das ganze Projekt für Sie beide noch belastender machen.

Grosse Hilflosigkeit mit unserem Sohn

Peter Schwob

Mich plagt etwas. Unser Sohn R. (27) steckt seit sieben Jahren in einem Studium, hat zum x-ten Mal eine Zwischenprüfung nicht bestanden. Die ersten Semester verliefen gut, dann begann das Problem. Er sagte sich von uns los, weil wir ihm zu viel Druck machten. Dabei fragten wir nur ab und zu, wie es nun weitergehe. Wir suchten dann wieder den Kontakt und überzeugten ihn, bei einem Psychiater Hilfe zu holen. Der diagnostizierte eine mittelschwere Depression. R. lehnte aber Medikamente ab und ging nach drei Sitzungen nicht mehr hin. Leider sind mein Mann und ich uns nicht einig, wie wir uns verhalten sollen. Er schlägt sich immer auf die Seite von R. und glaubt dessen Versprechungen. Er fürchtet sich auch davor, dass R. sich etwas antun könnte, und verunsichert mich damit. So bleibt alles beim Alten. Kürzlich habe ich mitgehört, als R. jemandem sagte, er stehe kurz vor dem Studienabschluss. Er lügt! Das erschreckt mich. Wir unterstützen ihn mit tausend Franken im Monat; dank AHV und Pensionskasse können wir das verkraften.

Der Name «Grosse Hilflosigkeit», den Sie Ihrem Problem geben, scheint mir sehr treffend, und zwar in dreierlei Hinsicht. Zuerst passt er wohl dazu, wie Ihr Sohn sich fühlt im Studium und mit Blick auf das Berufsleben: Er kann sich mit beidem nicht anfreunden, weder ein- noch aus- noch umsteigen, und treibt also passiv dahin. R. möchte sich aber nicht so sehen, schwindelt und verweigert jede Hilfe.

Gegen diesen Teil der Hilflosigkeit kann nur er etwas unternehmen, und zwar erst, wenn er sie selber empfindet. Je mehr Sie ihm helfen wollen, desto mehr verbarrikadiert er sich in seiner vermeintlich gelassenen Position. Ich glaube, das Beste, was Sie tun können, ist: nichts – nicht fragen, nicht drängen, nicht helfen. Dann kann er irgendwann selber aktiv werden; so, wie es jetzt läuft, verbraucht er seine Kraft dafür, sich gegen Ihre Kraft zu wehren.

Damit ist auch schon die zweite Hilflosigkeit angesprochen, Ihre, die der Eltern. Sie entsteht wohl, weil Sie R. seine Hilflosigkeit ersparen wollen – weil Sie umso aktiver werden, je passiver er wird. Da er aber erwachsen ist, will er Ihnen (und hat recht damit) nicht mehr Rede und Antwort stehen.

Damit geraten Sie in eine verzwickte Lage: Sie wollen ihm helfen, in Gang zu kommen, und helfen ihm so dabei, seinen Stillstand zu verteidigen. Ihre Arbeit ist es jetzt, sich zurückzunehmen und vielleicht damit leben zu lernen, dass er einen andern Weg wählt. Dadurch, dass Sie und Ihr Mann unterschiedlich agieren, entsteht die dritte Hilflosigkeit, nämlich die zwischen Ihnen beiden. Natürlich wäre es gut, Sie könnten im Gespräch eine einheitliche Haltung finden.

Wenn dies zurzeit nicht möglich ist, dürfen Sie sich nicht blockieren lassen. Werden Sie aktiv, verharren Sie nicht in der gemeinsamen Bewegungslosigkeit!

Sagen Sie R., Sie zahlen ihm den Unterhaltsbeitrag noch genau sechs Monate; ab dann sei er auch finanziell für sich selber verantwortlich. Und sagen Sie nichts, gar nichts mehr zum Studium oder seiner freien Zeit.

So kann er die eigene Verantwortung wahrnehmen. Wie er sie wahrnimmt, darf Sie nicht kümmern. Und wie Ihr Mann weitermacht mit ihm, ebenfalls nicht. Ganz wichtig ist, dass Sie sich nicht von Angst und Drohungen verunsichern lassen, sonst sind Sie ein Spielball und keine Stütze. Mit dem gesparten Geld unternehmen Sie und Ihr Mann etwas Schönes – Sie haben lange genug gearbeitet, jetzt ist Ihr Sohn dran.

Geschwister oder Einzelkind?

Sabine Brunner

Mein Mann und ich haben einen dreijährigen Sohn, sind glücklich mit ihm und haben keine weiteren Kinder geplant. Wir geniessen das Zusammensein und fühlen uns eigentlich auch bereits genügend gefordert, Arbeit und Familienleben unter einen Hut zu bekommen. Ich selber stamme jedoch aus einer kinderreichen Familie und frage mich, ob es nicht besser wäre, mein Kind hätte Geschwister. Irgendwie sitzt in mir die Vorstellung fest, dass Einzelkinder sich nicht wirklich gut entwickeln. Und man hört ja auch immer wieder, dass Kinder ohne Geschwister unglücklich und egoistisch seien, dass sie weder teilen noch sich in eine Gruppe eingliedern könnten. Das verunsichert mich.

Wie man seine Familie gestalten möchte, ist eine sehr individuelle Sache, die eigentlich jeder Mensch, jedes Paar nur für sich alleine beantworten kann. Es gibt viele unterschiedliche Familienformen, von denen einige gewählt und viele ohne bewusste Entscheidung oder gar ungewollt entstanden sind. Da wird eine allgemeine Normierung, was «besser» sei, der einzelnen Familie nicht gerecht. Hingegen scheint mir zentral, ob man seine eigene Familienform akzeptieren kann, so wie sie ist.

Spannend ist, dass die psychologische Forschung ebenfalls keine Familienform als die bessere hervorhebt. Bei Studien zu Einzelkindern zeigt sich, dass diese sich geradesogut entwickeln wie Geschwisterkinder. Sie erleben ihre Familiensituation als zufriedenstellend und pflegen gute Beziehungen zu ihren Eltern. Sie zeigen soziales Verhalten und haben FreundInnen. Hinsichtlich ihrer Bildung geht es ihnen speziell gut, sie werden sehr gefördert. Natürlich ist es bei Einzelkindern ein Thema, wie sie genügend Erfahrungen mit anderen machen können, im Spiel, als Freunde und auch in der Auseinandersetzung. Dazu braucht es regelmässige Kontakte mit Gleichaltrigen bereits vor dem Kindergarten.

Interessanterweise, und das zeigt vielleicht unsere menschliche Fähigkeit, aus der jeweiligen Situation das Beste zu machen, beschreiben Geschwisterkinder ihre Situation ebenfalls als vorteilhaft. Sie schätzen es, SpielkameradInnen im Haus zu haben, jemanden, den sie ins Vertrauen ziehen und mit dem sie sich auseinandersetzen können. Geschwister haben genetisch grosse Ähnlichkeiten und in der Regel eine ähnliche Biografie. Das erzeugt Verbundenheit, birgt aber auch die Gefahr von starken, belastenden Konflikten. Als schwierig wird von Geschwisterkindern erlebt, dass sie die emotionalen und materiellen Ressourcen ihrer Eltern unter sich aufteilen müssen, was manchmal zu Mangelgefühlen führt.

Mir scheint, dass sich das Vorhandensein von Geschwistern speziell dann als stärkend erweist, wenn es in der Familie schwierig wird. Wenn Eltern Streit haben, wenn sie sich trennen, wenn ein Elternteil krank wird oder sonst Probleme entstehen, teilen Geschwister ihr Schicksal und verstehen sich. Sie können sich zusammen im Spiel oder auch mit Streiten ablenken. Aber manchmal helfen auch Geschwister nichts, um Belastungen zu mindern. Und auch Einzelkinder haben oft Vertraute, die sie in Schwierigkeiten stärken.

Ich möchte Sie deshalb ermutigen, mit ihrem Mann zusammen ihre Vorstellungen und Wünsche bezüglich weiterer Kinder ganz offen zu diskutieren. Sowohl rationale Überlegungen als auch Gefühle und völlig irrationale Gedanken sollen Platz haben. Und wie Sie sich auch entscheiden werden: Keine Situation ist perfekt, und jede Familie lebt letztlich von der Freude, die man aneinander hat.

Diese ewigen Kurzbeziehungen

Jörg Hirsch

Ich (m, 29) wundere mich in letzter Zeit vermehrt über mein Beziehungsverhalten. Oft verliebe ich mich heftig in eine Frau, und sie erscheint mir dann als die schönste und beste mögliche Partnerin. Doch immer dann, wenn die Beziehung in die Tiefe geht und die Nähe näher kommt, sträubt sich etwas in mir, und ich MUSS mich trennen – und dann auf meist nicht sehr schöne Weise. Habe ich zu hohe Ansprüche, oder was stimmt da nicht?

Es beeindruckt mich, dass Sie den Fehler nicht bei den anderen suchen, sondern Ihr eigenes Verhalten infrage stellen. Sie erkennen, dass sich in Ihrem Beziehungsverhalten immer wieder ein typisches Muster zeigt. Derartige Muster entwickeln wir zur Bewältigung von belastenden Situationen und um ihre Wiederholung zu vermeiden, sie sind also nicht angeboren. In einer Liebesbeziehung geht es um Nähe. Es braucht dazu Vertrauen und Hingabe. Inwiefern wir zu solchen Gefühlen fähig sind, ist ein Ergebnis unserer bisherigen, zum Teil sehr frühen Erfahrungen. Jeder Mensch wird mit der Fähigkeit zur Liebe geboren, ohne sie wäre er nicht lebensfähig. Ob diese Liebe ihren natürlichen Ausdruck finden kann, ist abhängig von der Beziehung, die die Eltern mit dem Kind aufbauen. Wenn das Kind in einer vertrauensvollen, liebenden, nährenden Umgebung aufwächst, entwickelt es Urvertrauen, das als Vorlage für spätere Beziehungserfahrungen dient.

Wenn diese erste Bindung aber konflikthaft ist und das Nähebedürfnis des Kindes immer wieder enttäuscht wird, erlebt es Bindungsnähe als gefährlich und zu Enttäuschung und Leid führend. Das wird dann zum Grundmuster, denn alle weiteren Beziehungen folgen den Erfahrungen der frühen und auch späteren Beziehung zu den Eltern und Geschwistern.

Könnte es sein, dass Sie die nach dem Rausch des Verliebtseins sich vertiefende Nähe unbewusst mit frühen negativen Erfahrungen in Verbindung bringen? Haben Sie dann eventuell in sich Tendenzen, die Beziehung immer wieder zu testen, auf die Probe zu stellen? Als würden Sie auf ein negatives Ergebnis warten und positiven nicht vertrauen? Sie schreiben ja, dass Ihnen anfangs die Partnerin als die beste und schönste erscheint. Idealisierung gehört zum Verliebtsein; reale Menschen sind aber nicht ideal, und so werden Sie zwangsläufig enttäuscht. Und dann trennen Sie sich so, dass Sie nicht gerade stolz auf Ihr Verhalten sind. Es fällt Ihnen offenbar schwer, zu dem zu stehen, was Sie fühlen. Anderseits können Sie auch den Gedanken zulassen, sich nicht wirklich fair zu verhalten, das heisst Sie haben die Fähigkeit zur Selbstkritik. Ein anderer Aspekt Ihres Verhaltens sticht mir ebenso ins Auge: Sie werten Ihre Partnerin ab, weil sie nicht so perfekt ist, wie es Ihnen zusteht. Klingt da nicht eine Selbstverliebtheit an, die frag-würdig, einer Frage würdig ist? Gelten die Ansprüche an Ihre Partnerin auch für Sie selbst? Verdecken Sie damit eventuell eine zugrundeliegende Unsicherheit?

Wenn Sie auf diese Fragen Antworten wollen, müssen Sie sich Ihrer Muster noch bewusster werden. Dazu wird es nötig sein, sich Ihre Lebensgeschichte zu vergegenwärtigen. Doch das kann nur der erste Schritt sein, denn letzlich bedarf es der Neuorientierung, sodass Nähe nicht mehr zum Vermeidungsverhalten führt. Sie brauchen die lebendige Erfahrung, dass Nähe nicht zwangsläufig Leid zur Folge hat. Dafür ist eine seriöse Psychotherapie bestens geeignet – ich kann Ihnen also nur empfehlen, bei einer Fachperson Hilfe zu suchen.

Kontakt mit autistischem Mädchen?

Thomas Kern

Ich (52) bin Gotte der 13-jährigen Manuela, Tochter meines Bruders. Sie erhielt vor einigen Jahren die Diagnose «atypischer Autismus». Obwohl sie intelligent ist, kommt man mit ihr nur schwer in Kontakt. Sie ist ganz auf ihre Mutter bezogen, und wenn etwas nicht so läuft, wie sie möchte, rastet sie schnell aus. Die Familie meines Bruders ist dadurch sehr belastet. Oft schon habe ich angeboten, mit ihr etwas zu unternehmen oder sie für ein paar Tage zur Entlastung in meine Familie zu nehmen. Meine Schwägerin, die sich grösstenteils von ihrem Umfeld zurückgezogen hat, lehnt das stets mit fadenscheinigen Begründungen ab. Ich fühle mich zunehmend hilflos.

Die Ohnmacht, die Sie schildern, kann ich gut nachvollziehen. Sie möchten gerne – wie das im Alter Ihrer Patentochter angebracht wäre – zu ihr eine eigenständige Beziehung aufbauen und für die Familie Ihres Bruders hilfreich sein. Dies scheint aus zwei Gründen schwierig zu sein. Manuelas Eigenschaften wären wahrscheinlich noch das kleinere Hindernis; mit autistischen Kindern kann man in der Regel sehr wohl in eine Beziehung treten, wenn man sich auf ihre besonderen Bedürfnisse und Interessen einlässt. Aber Ihre Schwägerin mag Ihnen ihr Kind (noch) nicht anvertrauen.

Es bleibt Ihnen vorerst nichts anderes übrig, als dies zu akzeptieren. Wenn Sie den Druck auf die Schwägerin erhöhen, verstärken Sie bloss ihre Ablehnung. Es ist davon auszugehen, dass sie noch Zeit braucht, um sich von ihrem Kind lösen zu können. Gut möglich, dass sie niemanden – nicht einmal die Gotte – mit den speziellen Eigenschaften ihrer Tochter belasten will. Dies ist bei Eltern von autistischen Kindern häufig der Fall. Sie mögen sich auch nicht den gut gemeinten, aber selten hilfreichen Erziehungstipps von anderen aussetzen und ziehen sich deshalb zurück.

Für Sie stellt sich aber jetzt die Frage, wie Sie mit der Zurückweisung umgehen. Es wäre verständlich, wenn sie sich deswegen nicht nur ohnmächtig, sondern auch gekränkt, verärgert oder traurig fühlten. Natürlich könnten Sie sich zurückziehen, keine weiteren Angebote mehr machen und sogar Ihre Rolle als Gotte infrage stellen. Aber bevor Sie so weitreichende Schritte unternehmen, erscheint es mir wichtig, sich der Motive, die Ihrem Engagement für die Familie Ihres Bruders zugrunde liegen, bewusst zu werden. Warum bieten Sie Ihre Unterstützung eigentlich an? Tun Sie es auch ein wenig für sich selbst, zum Beispiel damit Sie sich besser fühlen, wenn Sie eine gute Tat vollbracht haben? Tun Sie es aus Pflichtgefühl? Dann könnten Sie ja sogar froh sein, von der Schwägerin aus der Pflicht befreit zu werden. Möchten Sie aber ernsthaft eine nähere Beziehung zu Manuela aufbauen, sollten Sie sich keineswegs zurückziehen. Bei ihr könnte nämlich fälschlicherweise der Eindruck entstehen, Sie hätten das Interesse an ihr verloren oder sie habe etwas falsch gemacht.

Vielleicht gibt es ja andere Möglichkeiten, als Manuela gleich zu sich zu nehmen. Sie können ihr schreiben, sich per Whatsapp mit ihr austauschen oder sich an Familienanlässen ganz bewusst ihr zuwenden. Kinder mit Autismus haben oft spezielle, manchmal auch skurrile Interessen und Sichtweisen. Lassen Sie sich darauf ein, fragen Sie nach, lassen Sie sich von Manuela ihre Weltsicht erklären, ohne sie gleich zu bewerten oder ihr ausreden zu wollen.

Gut möglich, dass sie dann mit der Zeit von sich aus etwas mit Ihnen unternehmen will. Der Ablösungsprozess von der Mutter würde so leise unterstützt.

Ärger mit dem Nachbarn

Susann Ziegler

Ich (68, seit 3 Jahren Witwe) ärgere mich oft und heftig über einen meiner Haus-Miteigentümer (Stockwerkeigentum, drei Parteien), der mir das Leben mit Spitzfindigkeiten schwermacht. Wir haben keinen offenen Streit, aber ich bekomme subtil Steine in den Weg gelegt: Er ist der Ansicht, dass ich für Hauswartung und Buchhaltung mit Fr. 25.– pro Stunde einen zu hohen Lohn bekomme; er lässt bei Reparaturen immer Gegenofferten erstellen; nach mündlichen Abmachungen ändert er seine Meinung, und alles fängt wieder von vorne an. Einen Wohnungswechsel kann ich mir nicht leisten. Ich versuche ja selbst, die Verwaltungskosten niedrig zu halten, und die dritte Partei unterstützt das sehr, ist aber leider wenig im Haus anwesend. Ich möchte versuchen, diesen Nachbarn nicht mehr ernst zu nehmen. Aber wie?

Ich denke, das kann nicht gehen – und zwar darum, weil Sie im selben Haus leben und sich ständig begegnen. Es ist ohnehin schwer bis unmöglich, per Beschluss ein Gefühl zu haben oder nicht zu haben. Da sind stärkere Mechanismen am Werk, die unsere Gefühlswelt regulieren. Wahrscheinlich hilft es Ihnen mehr, wenn Sie das Gefühl innerlich zulassen und bearbeiten, um zu verstehen, wie es sich genau anfühlt, in welchem Körperteil Sie es am meisten spüren, woher es kommen mag, ob Sie es von anderswoher kennen. Es nicht beachten zu wollen, würde Ihr Seelenleben einschränken und es verkümmern lassen – und das wegen eines plagenden Nachbarn? Nein!

Wenn die Lage schon so verhärtet ist, gewinnen Sie mehr, wenn Sie den schwelenden Konflikt ganz zu sich nehmen; klären Sie mit sich selbst, was alles Sie dermassen wütend macht: Sie haben keinen Partner mehr, um den täglichen Frust zu besprechen; trifft der Nachbar da den wunden Punkt Ihrer grossen Trauer, eventuell auch Ihrer Einsamkeit? Spielt auch Neid darüber mit, dass der Nachbar sich so rücksichtslos zu benehmen traut? Sie haben gelernt, sparsam und bescheiden zu leben; baut Ihr Selbstbild darauf auf? Nun kratzt jemand an Ihrer Grundüberzeugung, wenn Ihr bescheidener Lohn als Anmassung beurteilt wird – dürfen Sie denn nichts fordern, dürfen Sie keine Ansprüche stellen? Ist Bescheidenheit dermassen eine Zier, dass Sie sogar ein schlechtes Gewissen haben, wenn Sie für Arbeit bezahlt werden? Infolge Ihrer finanziellen Knappheit liegt ein Wohnungswechsel nicht drin. Eine externe Administration oder Hauswartung kostet ein Mehrfaches und würde Sie entsprechend mehr belasten. Sie möchten das mit persönlichem Einsatz vermeiden, der schlussendlich allen dient. Und dann kommt Ihnen statt Dankbarkeit Skepsis und Kritik entgegen. Diese Abhängigkeit nervt. Kennen Sie das aus früheren Zeiten in Ihrem Leben? Waren äussere Bedingungen schon immer Anlass zu Ärger, und durften Sie schon damals nicht aufbegehren, weil es die Umstände nicht erlaubten? Vielleicht setzten Sie sich auch damals mit aller Kraft ein, und alle nahmen es für selbstverständlich, niemand erkannte, dass Sie darunter litten. Warum dürfen Sie eigentlich keinen offenen Konflikt wagen, wenn dieser eh schon schwelt? Haben Sie gelernt, dass Sie dabei immer den Kürzeren ziehen? Es gibt Menschen, die legen immer noch einen Zacken zu, solange sie keine Grenzen zu spüren bekommen; erst bei Eingrenzung wächst ihr Respekt. Alle diese Anregungen beanspruchen nicht, ins Schwarze zu treffen. Nutzen Sie die missliche Situation, um über Ihr Leben und Ihre Gefühle nachzudenken und so Ihren persönlichen Horizont zu erweitern.

Auf Dauer können Sie den Sohn nicht allein betreuen

Peter Schwob

Unser Sohn ist 48, hat eine Zerebral-Lähmung und dazu vor etwa fünf Jahren noch eine Neurodermitis bekommen. Offenbar ist dagegen kein Kraut gewachsen. Da er sehr unselbstständig ist, wird es äusserst schwierig, mit dieser Krankheit einen Wohnplatz zu finden. Wir haben gehört, dass Stress dabei eine Rolle spielen soll, und denken darum, es sollte doch Möglichkeiten geben, seinen psychischen Zustand zu verbessern. Wir haben ihn schon in verschiedenen Heimen gehabt, aber dann hat er immer Probleme bekommen, und sein Gesundheitszustand hat sich verschlechtert. Er ist sehr musikalisch, und eine Zeit lang hatten wir mit Musiktherapie gute Erfolge.

Ihr Sohn befindet sich, wie Sie schreiben, in einer auf verschiedenen Ebenen schwierigen Lebenssituation, auf die wir Psychotherapeutinnen und Psychotherapeuten nur teilweise Antworten geben können. Nach Rücksprache mit einem Arzt kann ich aber Folgendes sagen: Neurodermitis ist eine psychosomatische Erkrankung; wie zum Beispiel auch Asthma oder Morbus Crohn. Sie zeigt sich in einer körperlich fassbaren Entzündung; psychische Belastungen können diese Symptome verstärken. Eine Neurodermitis muss primär von einem Dermatologen behandelt werden. Am wichtigsten ist eine korrekte Pflege mit Cremes und die richtige Behandlung allfälliger Hautinfektionen. Es ist auch nötig, die krankheitsauslösenden Faktoren gut zu erforschen (Allergene und Nahrungsmittel), damit sie möglichst vermieden werden können. Gute Erfolge haben oft klimatherapeutische Behandlungen, zum Beispiel mehrwöchige Aufenthalte im Hochgebirge oder am Meer. Auch die Komplementär-Medizin kann helfen, wie sie zum Beispiel anthroposophisch orientierte Kliniken anbieten.

Mit Psychotherapie kann eine Neurodermitis nicht geheilt werden (ebenso wenig wie Asthma und Morbus Crohn). Da jedoch Stress, Unwohlsein oder Misserfolge die Krankheit aufrechterhalten oder verschlimmern können, ist es sinnvoll, darauf zu achten, dass es Ihrem Sohn im Alltag möglichst wohl ist. Wenn also Musiktherapie eine gute Wirkung gezeigt hat, ist es gut, diese wieder aufzunehmen. Vielleicht nützt auch eine medizinische Hypnose oder achtsamkeitsbasierte Entspannung. Am wichtigsten ist es wohl, dass es ihm bei Ihnen oder in einem Heim gut geht.

Dass das Heimpersonal manchmal überfordert ist, ist angesichts seiner Aufgaben nicht erstaunlich; ebenso, dass nicht jede Heimleitung mit ihrer Aufgabe zurechtkommt. Trotzdem können Sie Ihren Sohn nicht auf Dauer allein betreuen und brauchen wieder eine Institution. Wahrscheinlich müssen Sie sich letztlich mit einem Heim zufriedengeben, das nicht alle Ihre Anforderungen erfüllt – dass Ihr Sohn Sie vermisst und deshalb zeitweise unzufrieden ist, ist sowieso anzunehmen. Für den Fall, dass Sie wieder mit einem Heim Probleme bekommen, organisieren Sie am besten schon im Voraus jemanden, der als Vermittler zu Gesprächen mitkommt.

Wahrscheinlich der schwierigste Punkt ist: Sie haben sich sein ganzes Leben lang um Ihren Sohn gekümmert, viele belastende Momente überstanden und auf viel Eigenes verzichtet. Und Sie machen sich Sorgen, wie es mit ihm weitergeht, wenn Sie älter werden. Gut möglich, dass Sie darum besonders hohe Erwartungen an ein Heim stellen und rasch enttäuscht sind. Ich wünsche Ihnen, dass Sie nicht nur ihn, sondern auch sich selber sehr ernstnehmen können in Ihrem Wohlbefinden. Die Stiftung Mosaik in Pratteln kann Sie dabei beraten; und wenn Sie für sich begleitende therapeutische Gespräche in Anspruch nehmen, hat auch ihr Sohn etwas davon.

Hilfe, mein Sohn hascht!

Jörg Hirsch

Wir sind eine zufriedene Familie und haben zwei Kinder. Die Tochter ist 14, der Sohn 17. Beide besuchen problemlos das Gymnasium. Vor ein paar Wochen war unser Sohn auf einem Rock-Festival und kam ziemlich derangiert wieder heim. Die nächsten Tage war er ungewohnt distanziert, und sein normaler Ordnungssinn liess zu wünschen übrig. Als ich das Gespräch mit ihm suchte, gestand er, Cannabis konsumiert und einerseits sehr schöne, anderseits auch sehr verwirrende und beängstigende Momente erlebt zu haben; nun sei es für ihn mühsam, wieder in den Alltag zurückzufinden. Mein Mann und ich sind sehr beunruhigt.

Ihre Beunruhigung ist für mich gut nachvollziehbar: Alles läuft rund, und dann kommt plötzlich eine Störung von aussen, die Abgründe befürchten lässt: Rauschgift! Cannabis ist die unter Jugendlichen am meisten konsumierte Droge, ein ganz grosser Teil der jungen Leute hat irgendwann Kontakt mit ihr. Für die wenigsten von ihnen wird daraus später ein ernsthaftes Problem, und wenn, dann zeigen sich fast immer noch andere Faktoren, meist familiärer Art, die eine psychische Abhängigkeit begünstigen.

Doch gerade bezüglich THC gibt es viele Horror-Zuschreibungen, die eher der Angst der Gesellschaft vor einem kulturell fremden Rauschmittel zuzuschreiben sind als den Tatsachen. Die Wissenschaft ist sich mittlerweile einig, dass das Gefahrenpotenzial von Alkohol grösser ist als das von Cannabis. Dennoch, in dieser scheinbaren Harmlosigkeit liegt auch eine Tücke: Gerade Jugendliche, die ja dabei sind, ihren Weg ins Leben zu finden, können nicht nur Erfahrungen mit neuen Bewusstseinszuständen machen, sondern die Grenzen-auflösende Qualität der Droge kann auch Auslöser psychotischer Prozesse sein. Bei täglichem Konsum wird mit Sicherheit die kognitive Leistungsfähigkeit gemindert, was sich dann in schlechteren schulischen Leistungen niederschlagen dürfte. Bei jugendlichen Gewohnheitsrauchern werden häufig auch Wesensveränderungen wahrgenommen, die den weiteren Lebensweg negativ beeinflussen, und sie sind in Gefahr, viele Bewältigungs-Erfahrungen zu verpassen, weil sie gewohnt sind, Problemen auszuweichen.

Doch das sind schwarze Bilder. Ihr Sohn hatte erstmals Kontakt mit THC, mit für ihn gemischten Eindrücken. Wie Sie ihn beschreiben, ist er grundsätzlich geordnet, und soweit Sie es ausgedrückt haben, ist Ihr Familienleben wenig belastet. Von daher sehe ich kaum die Gefahr einer Entgleisung. Ich empfehle Ihnen, eine entspannte Haltung einzunehmen und immer wieder das Gespräch mit ihm zu suchen. Doch achten Sie darauf, dass nicht die Besorgnis oder die Moral Ihre Worte leiten, denn damit würden Sie wohl eher seine Widerstände mobilisieren, sondern reden Sie mit ihm, hören Sie ihm gut zu, geben Sie ihm Raum, Ihnen seine Welt zu zeigen und begreiflich zu machen. Je besser dies gelingt, desto mehr kann sich Ihr Sohn wirklich wahrgenommen fühlen – erst recht, wenn Sie sich eigener Bewertungen möglichst enthalten.

Letzteres ist vertrackt: Wir sind uns nicht bewusst, wie oft und wie stark wir bewerten. Auch logisch erscheinende Gedanken sind sehr häufig von unbewussten Bewertungen unterlegt, die dann den Gesprächsverlauf und das Ergebnis trüben. Versuchen Sie, in Ich-Botschaften zu sprechen, drücken Sie Ihre Gefühle und Ängste aus, nicht als Vorwurf, ohne Moralin, sondern beschreibend. Ich vermute, dass Sie so Ihren Sohn nicht nur erreichen werden, sondern dass er Ihnen dankbar sein wird, sich erklären zu können.

Muss ich in meinem Alter noch streiten?

Susann Ziegler

Vor kurzem starb unsere Mutter hochbetagt und hinterliess uns drei Geschwistern überraschend eine Erbschaft, die mir für die kommende Pensionierung sehr gelegen kommt. Leider habe ich hässliche Auseinandersetzungen mit meinen Geschwistern, die mir mit Verzögerungen, mit Vorrechnen von sogenannten früheren Bezügen etc. das Leben schwermachen. Ich bin schon einmal ausfällig geworden, was mir im Nachhinein leidtut. Aber ich mag auch nicht um des Friedens willen verzichten. Bis anhin kamen wir doch ordentlich miteinander aus. Wie soll ich mich verhalten?

Erbschaftsangelegenheiten sind darum so konfliktträchtig, weil es vordergründig ums Geld, aber ebenso um lange verborgene Gefühle geht, um Enttäuschung, Neid, Trotz – um die ewige Sehnsucht von Kindern nach Liebe und Anerkennung ihrer Eltern. Was den Konflikt ausmacht, liegt lange zurück, entspricht aber einer (wieder auflodernden) Rivalität unter den Geschwistern. Die begehrten «Erbstücke» ähneln einem «Nuschi», das in der Kindheit für die Kontinuität der Beziehung zu den abwesenden Eltern stand. Diese haben Sie mit dem Tod nun endgültig verlassen, und das Erbe ist wie ein Liebespfand.

Diese symbolische Bedeutung des elterlichen Erbes ist ein Hinweis auf einen unvollständigen Loslösungsprozess, auf eine starke innere Bindung. Das Ausmass des Erbstreits zeigt, wie tief wir noch in die alten Familienkonflikte verstrickt sind – und umgekehrt: Am Erbstreit oder seinem Ausbleiben können wir ermessen, ob wir tatsächlich erwachsen geworden sind. Die Testamentseröffnung als Ritual des letzten Willens enthüllt das lang gehütete Geheimnis, ob die Liebe der Eltern zu ihren Kindern gerecht verteilt war. In der tiefsten Schicht geht es bei der Erbschaft ein letztes Mal um die Gretchenfrage jeder Eltern-Kind-Beziehung: Wie sehr werde ich geliebt? Da es darüber keine innere Gewissheit gibt, können nur die Geschwister den Vergleichsmassstab bilden. Positiv gesehen, kann dieser Moment den Erben helfen, mit der Trauer klarzukommen. Noch einmal erhält man von den Eltern etwas geschenkt – und zusätzlich das Gefühl, dass man dem Toten etwas bedeutet hat. Und es kann, ganz profan, helfen, eine Existenz zu sichern oder aufzubauen. Die Liebesverteilung, die unter Geschwistern immer prekär ist, wird ein allerletztes und deshalb bedeutungsvolles Mal aktiviert. Früher hatte man ja noch die Chance, ein andermal bevorzugt zu werden und mit einer Aktivität Gefallen zu erregen. Diese Chance ist endgültig vorbei, und dies bewirkt oft eine ziemliche Verbissenheit.

Sie fragen nach möglichem Verhalten. Dass Sie um das Ihnen zustehende Erbe ringen sollen, scheint mir klar. Im Wissen um die Zusammenhänge gelingt es Ihnen vielleicht, durch Diskussionen mit Freund/innen zu verstehen, worum genau es bei Ihnen geht. Das könnten Sie den Geschwistern auch mitteilen und idealerweise bewirken, dass auch sie etwas Entsprechendes sagen mögen. So könnte ein Gespräch mit Ihren Geschwistern entspannter vonstattengehen, und Sie könnten sich wenigstens Ausfälligkeiten ersparen. In jedem Falle ist es sinnvoll, die Rechtslage und die Emotionen (die Sie allerdings zuerst erkennen müssen) zu trennen.

Die beste Hilfe dürfte eine Mediation sein, wo unter sachlicher Aufsicht einer dafür geschulten Person nochmals geredet wird und Persönliches Platz bekommt. Dabei wäre wichtig, dies klar als Deeskalationsversuch zu bezeichnen. Die Lösungen entwickeln Sie gemeinsam. Der Lohn für die Mühen kann der Familienfriede sein.

Darf man sich nicht mehr ärgern?

Sabine Brunner

Als ich kürzlich im Süden in den Ferien war, regte ich mich ein paar Mal furchtbar auf. Vor allem über die Leute, die einem immer im Weg herumstehen und keinen Platz machen, sondern alles blockieren, wenn man beispielsweise mit grossen Koffern aus dem Bus steigen will. Als ich aber meinen Ärger einfach hinauslassen wollte, bekam ich Streit mit meiner Frau. Sie fand, ich hätte ein Problem und müsse an mir arbeiten. Darf man sich nicht mehr ärgern?

Sie trafen in Ihren Ferien – sowohl mit anderen Leuten als auch mit Ihrer Frau – immer wieder auf das lästige, störende, aber grundsätzlich auch wichtige Gefühl des Ärgers. Der hilft uns ja in seiner ganzen Negativität dabei, uns in sozialen Räumen zu bewegen. Ärger zeigt an, wo unsere Grenzen liegen, psychische wie physische, und meldet sich dann, wenn es für uns wichtig ist, unseren Bewegungsraum zu sichern. Er zeigt an, wann es aus unserer Sicht angezeigt ist, uns zu behaupten. Das ist natürlich gerade überall dort, wo es eng wird, ein Thema.

Das Verhalten im öffentlichen Raum ist kulturell sehr unterschiedlich. Während etwa in England an Bushaltestellen eine geordnete Schlange gebildet wird und die Anstehenden geduldig warten, bis sie mit Einsteigen an der Reihe sind, gibt es in Frankreich oder Italien oft ein Gedränge vor der Türe des ankommenden Busses.

Solange alle das Gleiche machen, funktioniert das System meist gut. Erst wenn verschiedene Verhaltensweisen aufeinandertreffen, kommt es zu Schwierigkeiten. Und genau das passiert bei Reisen ins Ausland, wo es auf einmal schwierig wird, mit dem uns fremd und unpassend erscheinenden Verhalten der Einheimischen umzugehen.

Ärger dient auch zum Selbstschutz
Neben kulturellen Unterschieden gibt es auch eine ganz individuelle, charakterlich geprägte Art, wie man Gedränge und anderen sozialen Konfliktsituationen begegnet. Nicht alle reagieren gleich schnell mit Ärger. Auch Ihre Frau hat sich offenbar über das Gedränge nicht geärgert, obwohl sie es ebenfalls hätte tun können. Wie geht sie denn mit solchen Situationen um? Das wäre spannend zu erfahren.

Manchmal eignet man sich das Ärgern als eine Art Standardreaktion an, weil es verhindern hilft, dass man sich in heiklen Situationen ohnmächtig, ausgeliefert, bedroht oder in einer anderen unangenehmen Gefühlslage wiederfindet. Dies wird Abwehrreaktion genannt und ist für das eigene psychische Gleichgewicht vorerst sehr angenehm. Allerdings geht mit dem Ärger das verdrängte Gefühl nicht einfach weg, sondern rumort irgendwo im Untergrund. Und das Ärgern selbst setzt einen noch zusätzlich unter Spannung. Aktuell wird diese vielleicht nicht wirklich wahrgenommen, kann aber durchaus längerfristige Auswirkungen haben, auch körperliche, wie etwa zu hohen Blutdruck. Und nicht selten belastet eine ständige Tendenz, mit Ärger zu reagieren, auch die Beziehungen.

Erleben Sie denn selbst Ihren Ärger auch als Problem? Und möchten Sie an sich arbeiten? Wenn ja, ginge es wohl als Erstes darum, zu verstehen, welche sonstigen schwierigen Gefühle Sie sich mit Ihrer Neigung zum Ärgern ersparen. Eventuell könnten Sie versuchen, herauszufinden, was Ihnen helfen würde, in stressreichen Situationen etwas Entspannung zu finden. Sicher wäre es auch gut, mit Ihrer Frau darüber zu reden – wie es Ihnen beiden in verschiedenen Situationen geht und was Sie zu Ihrem Verhalten bewegt. Auf diese Weise könnten Sie sich besser verstehen, und zumindest der Ärger untereinander würde etwas in den Hintergrund treten.

Warum kann der nicht mit mir ein Bier trinken?

Peter Schwob

Ich (m, 45) bin in einer Psychotherapie. Es ist nicht leicht zu reden, aber es tut mir gut, ich verstehe manches schon viel besser, bin gelassener geworden. Schwierig ist für mich, dass der Therapeut so auf Abstand beharrt. Ich würde ihn gern mal ausserhalb der Praxis treffen, um Dinge zu erzählen, die nicht zu meinem Problem gehören. Und ich wüsste gern, wie er so lebt. Unsere Gespräche sind so einseitig! Wenn ich das andeute, weicht er aus. Dabei glaube ich, er mag mich und spricht gerne mit mir. Warum dann so kühl? Warum kann der nicht mit mir ein Bier trinken?

Weil er Ihr Psychotherapeut ist und nicht Ihr Freund, kommt mir zuerst in den Sinn. Aber der Reihe nach. Sie deuten ihm Ihren Wunsch an, sagen ihn nicht ausdrücklich. Das ist schade, weil Sie gemeinsam auf wichtige Themen stossen könnten. Ahnen Sie, wen Sie mit Ihrem Nicht-Sagen wovor schützen wollen? Sich selbst vor dem Tadel, anspruchlich zu sein? Ihn vor der Blossstellung, die in Ihrem Vorwurf liegt? Sie beide vor kleinkarierter Auseinandersetzung, wo es doch um grosse Themen gehen müsste, ums Leben? Oder finden Sie Ihren Wunsch nach Nähe einfach peinlich? Es gibt in dem Thema eine ganz banale Ebene: In der Therapie geht es um Sie, um Ihre Themen. Dafür nehmen Sie die Mühen des Sprechens auf sich, dafür bezahlen Sie. Den Therapeuten berührt natürlich das, worüber Sie zusammen sprechen, aber er nimmt sich zurück und fokussiert immer wieder auf Sie. Es gibt nichts, was unwichtig wäre und darum nebenbei, beim Bier, gesagt werden könnte. Das Ganze hat etwas Einseitiges, Eingeschränktes, das ist klar. Und trotzdem tut es Ihnen gut, Sie möchten gern mehr davon bekommen. Und genau da sitzt wohl Ihre Empörung: Dass das Verständnis, das Sie brauchen und bekommen und wofür Sie doch beim Erzählen so viel Mut aufbringen müssen, so schnell begrenzt ist. Verständnis verbinden Sie mit Freundschaft, vielleicht sogar mit dem, was Sie von Ihren Eltern bekommen (oder zu wenig bekommen) haben.

Ihr Psychotherapeut ist für Sie einerseits ein Dienstleister, der eine Aufgabe, die Sie ihm übertragen, gut erfüllt – er versteht Sie, hilft Ihnen, die Elemente Ihres Lebens zu verbinden und so ruhiger zu werden. Aber da bleibt ein unangenehmer Rest: Er ist für Sie so etwas wie ein Freund oder ein Wunsch-Vater geworden, Sie möchten, dass er auch Sie mag, gern mit Ihnen zusammen ist und an Sie nicht nur als Patienten denkt. Und da stört der Abstand: Er erinnert Sie schmerzlich daran, dass Sie eine Arbeits-Beziehung eingegangen sind, keine private.

Es ist gut, dass diese Differenz spürbar wird: An ihr können Sie entdecken, was Ihre Wünsche sind und dass etwas Sie leitet, was jenseits des Erwachsen-Vernünftigen liegt. Es ist ein kindlicher Wunsch, könnte man sagen; vielleicht sogar eher ein Anspruch, ein Gefühl, noch etwas zugute zu haben. Gut möglich, dass Sie im Alltag nicht darüber stolpern; erst in engen Beziehungen oder eben in einer Psychotherapie kommen solche grossen Wünsche an die Oberfläche. Manchmal geraten aber Beziehungen ihretwegen in Krisen – viele von diesen Wünschen können PartnerInnen schlicht nicht erfüllen. In der Therapie haben Sie die Chance, sie zu erkunden, ohne jemanden unter Druck zu setzen oder zu überfordern. Oder ist gerade das nicht ganz klar? Fürchten Sie insgeheim, Sie könnten die Zuneigung des Therapeuten verlieren oder er seine Contenance? Lassen Sie's drauf ankommen! Sie sind dabei, neues Gebiet zu betreten!

Der Tod und verpasste Gelegenheiten

Jörg Hirsch

Vor einigen Monaten starb mein Vater mit 62 an Krebs. Ich (m, 36), hatte als Kind mit ihm eine gute Beziehung, doch dann in der Pubertät heftigste Auseinandersetzungen. Mit 17 bin ich ausgezogen, habe mich distanziert, studiert, dann einen guten Job gefunden und eine Familie gegründet, mit der ich glücklich bin. So weit alles gut. Doch seit seinem Tod fühle ich, dass vieles ungesagt geblieben ist, dass immer noch Wut in mir ist, aber auch Bedauern und Schuldgefühle, weil ich nicht wirklich Abschied von ihm genommen habe. Was kann ich jetzt noch tun?

Es ist ganz selten, dass der Tod zum richtigen Zeitpunkt kommt. Oft bleibt bei Angehörigen das Gefühl zurück, die Zeit nicht genug genutzt zu haben. Es hätte noch so viel zu sagen gegeben! Schuldgefühle sind besonders dann häufig, wenn ein einvernehmlicher letzter Kontakt nicht mehr stattgefunden hat.

Sie gerieten mit Ihrem Vater in Konflikt, als Sie erwachsen wurden. Sie stellten vieles infrage, nahmen Regeln nicht mehr hin, gingen in den Widerstand und erzeugten beim Vater Widerstand. Je nachdem, wie Ihr Vater selber seine Beziehung zu seinem Vater und seine Loslösung erlebt hatte, konnte er mit dem von Ihnen gezeigten Verhalten umgehen oder auch nicht. Sie selbst gingen dann im Unfrieden weg und bauten Ihr eigenes Leben auf. Ihren Worten entnehme ich, dass eine Wiederannäherung oder gar Versöhnung kaum oder gar nicht stattgefunden hat. Und nun ist es zu spät. Sie haben es verpasst.

Vielleicht spüren Sie nun eine Leere in sich, ein Loch, das nicht mehr zu füllen ist. Vielleicht ist zugleich mit dem Vater etwas in Ihnen gestorben. Unsere Eltern sind ja nicht nur äussere Personen, sondern etwas von ihnen schlägt sich in unserer Psyche nieder. So lebt ein Bild vom Vater weiterhin in Ihnen, in Ihren Überzeugungen, den verinnerlichten Regeln, Ihrem Gewissen. Selbst wenn Sie seine Werte und Sichtweisen nicht übernommen oder sich dagegen gewehrt haben, bleibt er eine wichtige Vergleichsgrösse.

Sie erwähnen auch Ihre Wut auf ihn. Wohl die alte Wut aus der Pubertät, die kaum angemessenen Ausdruck finden konnte. Die sich dann mit der Wut darüber vermischte, dass er sich im Tod einfach entzogen hat und Sie nun allein dastehen lässt. Und dann gibts wohl auch noch Ihre Wut auf sich selbst, dass Sie Kontaktmöglichkeiten verpasst, sich vielleicht sogar davor gedrückt haben. Wut auf sich, weil Sie Angst vor ihm hatten? Verweist das auf ein weiteres, tieferliegendes Muster, Dinge nicht gleich anzugehen, sondern aufzuschieben? Weichen Sie auch andernorts Anforderungen des Lebens aus?

Und dann gab es da auch noch die andere Seite ihres Vaters: Die guten Momente mit ihm, die schönen Erinnerungen, die Unterstützung, die er Ihnen gegeben hat. All dies Verpasste, Nicht-Gesagte mag sich jetzt in Ihnen melden und immer wieder von Ihnen wiederholt werden – ähnlich wie im Alltag, wenn man irgendwo eine schlechte Figur gemacht hat und dann im Geist die Szene immer wieder durchlebt im Wunsch, sie zu korrigieren.

Ich schlage Ihnen eine kleine Übung vor: Nehmen Sie sich bewusst Zeit, um an Ihren Vater zu denken. Sie können dazu auch ein Foto von ihm zu Hilfe nehmen. Achten Sie nun auf das, was in Ihnen hochkommt. Reden Sie mit ihm, sagen Sie ihm alles, was ungesagt geblieben ist. Schimpfen Sie, lassen Sie Ihren Emotionen freien Lauf. Wenn Sie die Übung abschliessen, vergessen Sie nicht, ihn zu verabschieden. Wiederholen Sie das einige Male, idealerweise ein bis zwei Mal in der Woche.

Über Musikstunden nachdenken

Sabine Brunner

Mein Sohn ist zwölf. Er hat Klavierstunden, seitdem er 8-jährig ist. Nun will er plötzlich mit dem Unterricht aufhören, dabei spielt er sehr schön. Er sagt, er habe keine Lust mehr. Soll ich darauf bestehen, dass er weitermacht, oder soll ich ihn lassen? Ich selber habe nie richtig ein Instrument spielen gelernt. Deshalb freute es mich besonders, dass er so tüchtig ist.

Es ist schön, wenn Kinder Zugang zur Musik finden, und sinnvoll, wenn sie ihre Freizeit mit Musizieren verbringen. Sie selbst haben, wie Sie beschreiben, grosse Freude am Spiel Ihres Sohnes und an seiner Tüchtigkeit. Wunderbar!

Man weiss, dass Kinder in ihrer Entwicklung profitieren, wenn sie sich mit Musik beschäftigen. Die Rhythmik, die Orientierung am Klangverlauf, die Fingerfertigkeit und – beim Lied – das Verbinden von Ton und Sprache helfen, die Aufmerksamkeit zu schärfen und den Sinn für logische Abläufe zu entwickeln. Musizieren erfordert gutes Zuhören, was Kindern in Beziehungen zugutekommt. Der musikalische Vortrag fördert selbstbewusstes Auftreten, und der Stolz der Eltern auf das Spiel ihres Kindes trägt das Seinige dazu bei. Die vielleicht wichtigste Wirkung aber ist, dass Musik das Potenzial hat, Freude zu machen, positive Gefühle auszulösen.

Nun scheinen leider Ihrem Sohn die positiven Gefühle beim Klavierspielen abhanden gekommen zu sein. Warum? Macht ihm das Musizieren insgesamt keine Freude mehr? Reut ihn die Zeit, die er für Klavierstunden investieren muss? Hat er Probleme mit der Lehrerin? Würde ihn ein anderes Instrument mehr interessieren? Vielleicht bräuchte Ihr Sohn Unterstützung – jemanden, der sich mit ihm zusammen mit der Musik befasst, damit er wieder motiviert ist. Oder ist gerade das Gegenteil der Fall, nämlich dass er sich nach mehr Freiheit, mehr Selbstbestimmung sehnt? Das würde zu seinem Alter am Anfang der Pubertät passen und wäre ein gutes Zeichen dafür, dass er mit diesem Entwicklungsschritt beschäftigt ist. Wie auch immer, es wäre gut, gemeinsam über mögliche Gründe nachzudenken.

Da es sich beim Klavierspielen um eine Freizeitbeschäftigung handelt, hat Ihr Sohn aus meiner Sicht ein gutes Mass an Selbstbestimmung darüber zugute. Freie Zeit sollte unter anderem auch ein Freiheitsgefühl erzeugen – sich frei fühlen, zu tun, was einem gerade Freude macht. Manchmal weiss man nicht so genau, was das sein könnte, und auch dafür ist die freie Zeit gut. Andere Male pendelt man zwischen Beschäftigt-Sein und Gedanken hin und her und geniesst so das Frei-Sein. Der Alltag von Kindern ist heute in der Regel mit Schule und Freizeitgestaltung recht strukturiert, sodass ihnen eventuell dieses Gefühl abhandenkommt, selbstbestimmte Zeit zur freien Verfügung zu haben.

Sie sagen, Sie selber hätten nie richtig ein Instrument spielen gelernt. Sie fanden es daher speziell schön, dass Ihr Sohn Klavier spielt. Kann es sein, dass er einen Druck verspürt, Ihre Wünsche zu erfüllen, anstatt seine eigenen Interessen zu erkunden? Vielleicht sahen Sie ihn innerlich bereits als Konzertpianisten? Und Ihr Sohn möchte oder kann dem nicht entsprechen? Solche Erwartungen übertragen sich auf die Kinder, auch wenn man sie kaum denkt.

Eine Idee für Sie selbst: Vielleicht wagen Sie es doch noch, ein Musikinstrument zu erlernen? Es ist dafür nie zu spät, selbst wenn aus Ihnen vielleicht kein Konzertpianist, keine Bandleaderin mehr werden wird – und wer weiss, vielleicht kehren sich die Rollen um, und Ihr Sohn hört Ihnen einst beim Musizieren zu?

Jetzt ist zuerst Erholung dran

Thomas Kern

Die letzte Zeit war für mich (m, 55) sehr stressig. Seit Monaten bin ich im Geschäft überlastet, und es kam zu vielen Personalwechseln, da die Betriebs-Atmosphäre sehr angespannt ist. Abends weiss ich kaum mehr, wo mir der Kopf steht. Privat habe ich mich zurückgezogen und sitze nur noch am Computer, um mich abzulenken; für mehr reicht meine Energie nicht aus. Ich leide an Schlafstörungen, kann abends nicht abstellen. Meine engste Arbeitskollegin hat mir geraten, gegen den Stress ein Achtsamkeitstraining zu machen; ihr habe das in einer schwierigen Lebenssituation geholfen. Was halten Sie davon?

Schön, dass Sie eine Kollegin haben, die Ihnen beisteht. Ob ihr Tipp im jetzigen Augenblick hilfreich ist, möchte ich aber infrage stellen. Mir scheint, dass Sie gerade etwas anderes brauchen als ein Achtsamkeitstraining. Ich entnehme Ihrer Be-schreibung, dass die Arbeitssituation Ihnen die Lebensfreude geraubt hat, dass Sie sich sehr einsam fühlen und kaum mehr zur Ruhe kommen. Sie sind erschöpft, und Ihr Organismus schlägt Alarm: So kann es nicht weiter gehen. Ich rate Ihnen, Ihren Erschöpfungszustand ernstzunehmen und sich zuerst beim Hausarzt gründlich abklären zu lassen. Wenn Sie chronisch unter Stress stehen, kann sich das erheblich sowohl auf Ihre psychische als auch auf die körperliche Befindlichkeit auswirken. Aufgrund der Ergebnisse der Untersuchungen sollten dann die notwendigen Massnahmen besprochen werden: Wie können die Schlafprobleme behandelt werden? Braucht es eine längere Krankschreibung, damit Sie sich ausgiebig erholen können, um wieder Zugang zu Ihren bisherigen Freizeitbeschäftigungen und sozialen Kontakten zu finden? Eine Psychotherapie wäre angebracht, um Ihre Arbeits- und allgemeine Lebenssituation zu reflektieren: Wie ist es zu diesem Erschöpfungszustand gekommen? Was müsste sich ändern, damit das nicht wieder geschieht? Vielleicht würden Sie neben äusseren, kaum beeinflussbaren Stressoren auch innere Antreiber entdecken (z. B. hohe Ansprüche an sich selbst, es allen recht machen wollen etc.), auf die Sie durchaus Einfluss nehmen könnten. Begleitend zu einer Psychotherapie, sobald Ihre Situation sich wieder etwas stabilisiert hat, könnte es dann sinnvoll werden, sich mit Achtsamkeit auseinanderzusetzen. Achtsamkeitskurse sind gerade sehr in Mode, und in den Medien lassen sich vielerlei Angebote finden. Diese können – bei richtiger Anwendung – im Umgang mit Stress, Schmerzen und chronischen Erkrankungen tatsächlich hilfreich sein und auch prophylaktisch gegen Rückfälle wirken. Am besten erforscht ist MBSR (mindfulness based stress reduction), ein Programm, das der Molekularbiologe Jon Kabat Zinn in den USA entwickelt hat. An acht Abenden und einem ganzen Tag lernt man in einer Gruppe in wertschätzender Atmosphäre Methoden (z. B. Atembeobachtung, Körperübungen, Body Scan, Geh-Meditation etc.) kennen, um mit Stress und leidvollen Erfahrungen achtsamer umgehen zu können. Solche Programme dürfen aber nicht als Psychotherapie im eigentlichen Sinne verstanden werden. Sie können nur Anstösse geben und setzen einiges an Motivation und Selbstdisziplin voraus. Nur wenn die gelernten Methoden regelmässig zu Hause geübt werden, ist mit einer nachhaltigen Wirkung zu rechnen. An einem MBSR-Kurs teilzunehmen, setzt also eine gewisse Stabilität voraus und die Möglichkeit, genügend Zeit und Energie dafür aufzubringen. Ich glaube nicht, dass das bei Ihnen jetzt schon der Fall ist.

Loslassen – wie soll das gehen?

Jörg Hirsch

Unsere Tochter ist 21 und lebt seit zwei Jahren in ihrer eigenen Wohnung. Sie ist unser einziges Kind, und wir sind sehr mit ihr verbunden. Es ist ihr ein spürbares Anliegen, ihren eigenen Weg zu finden und zu gehen, und wir wollen sie dabei auch unterstützen, ohne sie erneut zu binden. Nun möchte sie allein zu einer sechswöchigen Reise nach Marokko aufbrechen. Wir machen uns Sorgen, möchten am liebsten täglich Kontakt, doch wir wissen auch, dass wir sie loslassen müssen, damit sie ihr Eigenes finden kann. Was können wir tun, für uns und für sie?

Zunächst einmal stelle ich fest: Sie sind sich bewusst, dass das Thema Loslassen heisst und nicht Marokko. Auch scheinen Sie schon einige Schritte in diese Richtung gegangen zu sein: Sie akzeptieren den Wunsch Ihrer Tochter, ihren eigenen Weg zu finden, und sind sich offenbar auch klar darüber, dass jede Hilfestellung Ihrerseits schon wieder eine andere Form des Festhaltens sein könnte. Dass Sie sich Sorgen machen, ist naheliegend; wohl alle Eltern würden in dieser Situation ähnlich empfinden. Obwohl Sie den Wunsch nach täglicher Rückversicherung verspüren, wollen Sie ihm nicht einfach nachgeben, sondern sind bereit, den Sorgendruck auszuhalten.

Dass Ihre Tochter sich allein auf die Reise machen will, zeugt von Mut und auch von Vertrauen in sich selbst, dass sie das Unternehmen zu einem guten Abschluss bringen wird. Aus Ihren Zeilen ist für mich nicht erkennbar, wie sorgfältig die Reisevorbereitungen sind. Doch ich gehe davon aus, dass sie sich über Gefahren und Tücken informiert hat. Sie wird sich in einem arabischen Land aufhalten, und viel hängt davon ab, wie sie sich in dieser fremden Kultur einzufügen vermag. Doch das liegt dann nicht mehr in Ihrer

Hand. Was Sie jetzt tun können, ist, das Gespräch mit ihr zu suchen, mit ihr Routen und Stationen anzuschauen, Risiken anzusprechen. Vorinformationen einzuholen, ist äusserst wichtig. Aber auch Ihre Bedenken, Sorgen und Ängste sollten Sie nicht einfach für sich behalten. Fassen Sie sie in Worte, die möglichst frei sind von moralischen Ratschlägen und Konventionen, sodass Sie Ihre Tochter in ihrer Selbstbestimmung freilassen.

Was Sie für Ihre Tochter sein können, ist der sichere Hafen, zu dem sie jederzeit zurückkehren kann. Damit zwingen Sie ihr nichts auf und geben ihr dennoch eine grundsätzliche Sicherheit. Verlangen Sie von ihr einen Minimalkontakt, sei es per SMS oder Whats App. Vereinbaren Sie Zeitpunkte für Kontaktaufnahmen, zum Beispiel am Anfang, in der Mitte und am Schluss der Reise, die für Ihre Tochter stimmig sind, sodass Ihr Aushalten nicht über Gebühr strapaziert wird.

Sie ist eine erwachsene junge Frau mit dem Wunsch, ihr Leben in die eigene Hand zu nehmen. Ihren Job als Eltern haben Sie zum grössten Teil gemacht, dennoch bleiben Sie die Eltern. Ihr Wunsch ist es, Ihr Kind gut versorgt zu wissen – so fällt es Ihnen leichter, es loszulassen. Eine solche Reise ist für alle eine Fahrt ins Ungewisse, auch für Sie, und Ihre Sorgen und Ängste sind völlig okay, eine natürliche Reaktion auf eine Situation, die geradezu den Sinn hat, dass vieles unsicher bleibt. Es ist naheliegend, dass Sie den Festhalte-Wunsch jetzt stärker spüren als damals bei ihrem Umzug in die eigene Wohnung. Auch das Gefahrenpotenzial ist jetzt unbestreitbar grösser.

So bleibt mir nur, Ihrer Tochter eine gute Reise zu wünschen, und Ihnen, dass Sie diese Auszeit als einen Gewinn für beide Seiten sehen können.

Vielleicht haben wir uns entliebt

Susann Ziegler

Ich (34) lebe seit zehn Jahren mit meinem Freund (36). Wir hatten in dieser langen Zeit viele Höhen und Tiefen; insbesondere sein Marihuana-Konsum, seine Arbeitslosigkeit und die Tag-Nacht-Verschiebung beeinflussten unsere Beziehung sehr negativ. Viele Jahre habe ich gehofft, dass sich genau diese Punkte verändern. Nun hat er vor einem halben Jahr tatsächlich aufgehört zu kiffen und arbeitet zu 100 Prozent. Ich bin aber trotzdem nicht glücklich. Es klingt absurd, aber mir fehlt der innere Kontakt zu ihm und es ist mir häufig langweilig. Ich frage mich, ob uns nur die Gewohnheit zusammenhält und wir uns entliebt haben. Wir funktionieren im Alltag als Team sehr gut, haben aber kaum Sex. Ist es vielleicht Zeit, die Beziehung zu beenden?

Seit zehn Jahren leben Sie in einer Auf- und Ab-Beziehung, die viele Ihrer Kräfte band. Die Beschäftigung mit den Mängeln Ihres Partners füllte Ihr Leben aus. Hoffnung und Enttäuschung wechselten sich ab. Die mangelnde Charakterstärke Ihres Freundes definierte Ihre Beziehung. Sie stellten bei ihm Fehler fest, bekämpften sie und nahmen sich damit selbst aus dem Blickfeld. Nun hat er Ihre Wünsche erfüllt, geht arbeiten, lebt abstinent. Er hat einen Veränderungswillen gezeigt, der erstaunlich und erfreulich ist (Wie geht es eigentlich ihm dabei?). Und bei Ihnen schleicht sich Leere ein. Die Langeweile in der Beziehung, der fehlende innere Kontakt kommen unerwartet.

Eine Beziehung steht immer in einem labilen Gleichgewicht. Ihre muss jetzt neu austariert werden. Es bleibt Ihnen nichts anderes übrig, als bei sich selbst anzusetzen. Seine «Schuld» an Ihrem Hadern über das Schicksal ist vorüber. Aus Ihrer Frage geht aber hervor, dass Sie erneut in der Hoffnung leben, mehr Glück zu finden, indem Sie die äusseren Umstände verändern.

Mit dieser Illusion haben sie bisher keinen Erfolg gehabt; Sie sollten sich jetzt der Realität anders stellen.

Was könnte Sie denn mehr befriedigen? Im Alltag funktionieren Sie ja ganz gut zusammen. Dieser etwas spannungslose Zustand gibt Ihnen die spannende Möglichkeit, sich mit sich selbst auseinanderzusetzen, statt in Aktionismus zu verfallen. Hat Ihr Partner Ihnen eine leichte Depression abgenommen? Was beflügelt Sie an der Vorstellung, sich zu trennen und alleine im Leben weiterzugehen? Welche Entwicklung, welche Ziele für sich selbst streben Sie an? Haben Sie berufliche Wünsche, die Sie erfüllen könnten? Oder treibt Sie eine leise Panik um davor, Kinder zu bekommen, jetzt, wo es möglich wäre?

Wenn Sie versuchen wollen, die Beziehung wiederzubeleben, sollten Sie diese und weitere Fragen zuerst mit sich selbst (oder mit einer Therapeutin), danach aber auch mit Ihrem Freund besprechen. Nur in Kommunikation mit ihm können Sie zu einem eigenen Entscheid kommen, der nicht in Illusionen endet. Vielleicht haben Sie im Lauf der langen schwierigen Jahre verlernt, Ihren Partner zu achten und an ihn zu glauben, sodass Ihre fantasierte Abkoppelung auch mit einer gewissen Scham ihm gegenüber zu tun hat. Denn mittlerweile hat er sein Leben bewundernswert in den Griff bekommen. Ob es Zeit ist, die Beziehung mit ihm zu beenden, ist nicht beantwortbar, bevor Sie nicht die Beziehung mit sich selbst geklärt haben. Möglich, dass Sie zum Schluss kommen, sich zu trennen; in einer Partnerschaft kann es tatsächlich geschehen, dass eigene Bedürfnisse nicht mehr kompatibel sind mit denen des Partners. Wichtig dabei ist, die eigenen inneren Gründe zu verstehen.

Wie kann man das aushalten?

Susann Ziegler

Ich bin schwer krank, bekomme aber von meinem Arzt Medikamente, sodass ich ganz ordentlich leben kann. Was bleibt, sind Vorstellungen, Bilder und Ängste, die mich plagen. Zum Glück kann ich sie seit Jahren mit meiner Psychotherapeutin besprechen; das hilft mir jeweils enorm. Zunehmend habe ich nun aber Hemmungen, sie mit all den schwierigen Gefühlen zu belasten. Wie kommt sie wohl damit zurecht? Ich habe Angst, sie schickt mich eines Tages weg, wenn es ihr zu viel wird. Soll ich, um sie zu schonen, die Therapeutin wechseln?

Die Belastung, von der Sie berichten, ist offensichtlich gravierend – für einen Lebenspartner oder für den Freundeskreis vielleicht fast genauso unerträglich wie für Sie. Für eine Therapeutin bedeutet sie aber etwas anderes: Es ist ihre Arbeit, sie mit Ihnen zusammen zu entschlüsseln und in einen Lebenszusammenhang zu stellen. Damit gelangt sie nicht zwingend an die Grenze zur Überforderung. Sie ist von ihrer Ausbildung her darauf vorbereitet, sie hat Erfahrung mit anderen PatientInnen und sie hat gelernt, bei aller Anteilnahme, in etwas innerer Distanz zu bleiben.

Das wichtigste Heilmittel in einer Behandlung ist die therapeutische Beziehung, das heisst: alles was zwischen Ihnen und Ihrer Therapeutin geschieht. Folglich muss dieses Geschehen sorgfältig gepflegt und überdacht werden. Grösstenteils macht dies die Psychotherapeutin alleine, indem sie sich nach der Sitzung Zeit nimmt, alles Gesprochene und Erlebte nochmals durchzudenken, Einfälle zuzulassen und Ideen dazu zu entwickeln. Ihre Therapeutin hat gewiss noch eine andere Stütze: Wie fast alle PsychotherapeutInnen reflektiert sie vermutlich die Qualität ihrer Arbeit in einer Supervision. Dort schildert sie einer erfahrenen Kollegin den Verlauf der Therapie, ihre Beobachtungen, Gefühle, Überlegungen und Einfälle dazu. Zusammen besprechen die beiden Berufsleute die Therapiesitzungen, stellen theoretische Überlegungen an, prüfen Hypothesen und erarbeiten damit einen neuen Zusammenhang, um die Phänomene zu verstehen. Es bedeutet keineswegs eine Schwäche, mangelnde Kenntnisse, Blockierungen, blinde Flecken und eigene Probleme gemeinsam mit jemand Aussenstehenden zu erkennen und in ihrer ganzen Komplexität zu besprechen. So kann die Therapeutin, angereichert mit neuen Erkenntnissen, an die Arbeit in ihr Sprechzimmer zurückkehren. Ihre Arbeitsfähigkeit wird mit diesem selbstverständlichen Mittel zum Nutzen der PatientInnen ständig auf hohem Niveau aufrechterhalten.

Ihre Sorge um die Belastbarkeit der Therapeutin weist einerseits auf Ihr Gefühl der Fürsorge für sie hin. Andererseits deuten Sie auch vage Zweifel an den Fähigkeiten der Therapeutin an. Empfinden Sie sie eventuell Ihrer Problematik nicht (mehr) gewachsen? Schonen müssen Sie sie sicher nicht, schliesslich ist es ihre Arbeit, und sie wird unter anderem ja auch dafür bezahlt, Schwierigkeiten auszuhalten. Möchten Sie gerne sich selbst schonen und einem offenen Gespräch ausweichen, weil Sie Angst vor der Reaktion haben, vor dem Weggeschickt-Werden? Die Therapeutin zu wechseln, bringt Sie nicht weiter, es wäre vorprogrammiert, dass sich Ihre Befürchtungen wiederholen. Nach so vielen Jahren guter Zusammenarbeit empfehle ich Ihnen, auch die jetzigen schwierigen Gefühle mit der Therapeutin zu besprechen und ihr zuzumuten. Über Ihre Hemmungen zu sprechen, verändert möglicherweise Ihre Sicht auf die gestellte Frage und kann Ihnen einen neuen Weg in der Entwicklung eröffnen.

Ungeliebtes Familienfest

Thomas Kern

Am 1. Advent versprach ich meiner Frau, diesmal zu ihrem Familienfest an Weihnachten mitzukommen. Da ich mich in ihrer Familie nicht richtig wohl fühle und es für mich auch sonst sehr anstrengend ist, unter vielen Leuten zu sein, hatte ich mich die letzten zwei Jahre jeweils kurzfristig abgemeldet. Am Morgen des Weihnachtstages fühlte ich mich dann aber wieder sehr unwohl, leer und antriebslos. Mein Körper erschien mir bleischwer, sodass ich mich ins Bett zurückzog, anstatt mit meiner Frau zu gehen. Natürlich wurde sie wütend auf mich und zeigte keinerlei Verständnis für meinen Zustand. Warum ist das bei mir so?

Familiäre Weihnachtsfeiern haben es in sich. Das Zusammensein von Menschen, die nur eine mehr oder weniger starke genetische Ähnlichkeit verbindet (und hier ist ja nicht einmal das der Fall), bereitet vielen Schwierigkeiten. Die hohen Erwartungen bezüglich Harmonie- und Verbundenheitsgefühle können erheblichen Druck auf alle Beteiligten ausüben und als sehr anstrengend erlebt werden.

Auch Ihr Versprechen konnte Ihnen nicht dabei helfen, unangenehme Gefühle zu überwinden. Um herauszufinden, warum das bei Ihnen so ist, empfehle ich Ihnen, sich einige Fragen zu stellen: Was macht es so schwer, im wahrsten Sinne des Wortes, dahin zu gehen? Wie fühlt sich dieses Unwohlsein an, was genau spüren Sie dabei? Auf welche Personen oder Situationen beziehen sich diese Gefühle? Was erwarten, was befürchten Sie, wenn Sie an ein Fest Ihrer Schwieger-Familie gehen? Haben diese Gefühle etwas mit der Beziehung zu Ihrer Ehefrau zu tun? Vielleicht erleben Sie sie als illoyal, wenn sie im Kreise ihrer Familie ist? Welche anderen gesellschaftlichen Anlässe erleben Sie ebenso anstrengend? Gibt es Anlässe, bei denen dieses Unbehagen nicht auftritt? Woran könnte das liegen? Haben Sie prägende Erfahrungen gemacht, die heute nachwirken, wenn Sie unter Leuten sind?

Von Gefühlen der Leere sprechen etwa Menschen, die – oft schon als Kind – übersehen wurden, keinen Platz in der Gemeinschaft fanden, Dinge über sich ergehen lassen mussten oder vereinnahmt wurden, ohne sich wehren oder sich jemandem anvertrauen zu können. Menschen mit solchen schmerzhaften Erfahrungen geraten bei ähnlichen Anlässen schnell in Alarmbereitschaft, wenn auch nur geringste Anzeichen auftreten, dass sich die schlimmen Erlebnisse wiederholen könnten. Äusserst unangenehme Gefühle wie Ohnmacht oder Ausgeliefertsein können sich dann unmittelbar aufdrängen. Sind Ihnen solche Erfahrungen aus Ihrem Leben bekannt? Es stimmt: Indem man im Bett bleibt, kann man die unangenehmen Gefühle für den Moment vermeiden; damit ist das Problem allerdings nicht gelöst, und dieses Vorgehen kann einen sehr einsam machen.

Wie wäre es, wenn Sie sich für nächste Weihnachten aufgrund eines besseren Verständnisses für Ihr Unwohlsein überlegten, mit welcher für Sie förderlichen Haltung Sie an das Fest gehen könnten? Sie könnten einfach mal als Beobachter ohne jegliche Erwartung da sein oder sich die angenehmsten Leute aussuchen, mit denen Sie sprechen möchten. Sie könnten Ihre Teilnahme am Fest schon vorher zeitlich begrenzen oder sich die Möglichkeit offenlassen, sich unter gewissen Umständen zurückzuziehen. Anstatt Ihrer Frau nicht einhaltbare Versprechen zu geben, wäre es sinnvoller, denke ich, ihr mehr zu zeigen, was Sie denken und fühlen. Vielleicht würde sie dann Ihre ambivalente Haltung gegenüber ihrer Familie weniger persönlich nehmen.

Wenn das Handy wichtiger ist als das Kind
Peter Schwob

Ab und zu sehe ich auf der Strasse eine Mutter, die mit der einen Hand den Kinderwagen schiebt und in der andern das Handy hält, mit ihrer Aufmerksamkeit offensichtlich ganz beim Gesprächspartner irgendwo auf der Welt. Mich empört das jedes Mal. Was sagen Sie als Fachleute dazu? Kann ich als Einzelner etwas tun? Oder bin ich zu empfindlich und von gestern?

Ja, das sind Sie wohl, und ich gratuliere Ihnen dazu. Sie sprechen mir aus dem Herzen mit Ihrem Versuch, sich in das alleingelassene Kind einzufühlen. – Jetzt mal halblang, höre ich jemanden einwenden, was heisst hier alleingelassen? Mutter und Kind sind doch zusammen; wenn das Kind die Mutter wirklich braucht, muss es sich nur bemerkbar machen, und schon wendet sie sich ihm zu. Wollen Sie im Ernst junge Frauen ans Kinderbett binden wie früher? Es ist längst erwiesen, dass Kinder auch etwas davon haben, wenn ihre Eltern ein erfülltes Leben führen.

Das stimmt zweifellos, und ich wünsche allen Eltern ein gerüttelt Mass an Interessen und wichtigen anderen Menschen, damit sie sich lebendig fühlen und Lust haben, ihr Kind in diese lebendige Welt hinein zu begleiten. Es gibt ja auch das andere Extrem: Eltern, die kein anderes Thema kennen, alles durch die Mutter- oder Vater-Brille sehen, ganz auf ihr Kind fixiert sind, sich von ihm in jedem Gespräch unterbrechen lassen und ihr ganzes Glück von seinem Lächeln abhängig machen. Die kleine Majestät kennt und erträgt dann kein Nein, kein Warten, keine Geduld, ist aber sehr zur Verwunderung der Eltern trotzdem nie wirklich zufrieden. Da einen lebbaren Mittelweg zu finden, ist schwer und wahrscheinlich nur über Um- und Irrwege möglich. Solch einen

Umweg könnte der obige Einwand meinen: Was solls, wenn das Kind sich einmal allein fühlt – sobald es die Mutter ruft, reagiert sie. Alles in Butter.

Wenn es die Mutter wirklich ruft, ja. Aber was, wenn das geschilderte Verhalten normal ist, den Alltag bestimmt? Es gibt ja nicht nur Handys, sondern auch noch den Beruf, den Chatroom, Kochtöpfe, Nachbarinnen, Kopfschmerzen ... Und wenn ein Kind oft genug erlebt hat, dass es keine Antwort bekommt auf einen Wunsch oder ein Bedürfnis, gibt es irgendwann auf, wird still und pflegeleicht, und die Mutter merkt gar nicht mehr, was sie tut, kann es nicht mehr korrigieren. Das Kind kann nicht lernen, seine Bedürfnisse zu differenzieren und klarer zu äussern.

Ein mir leider nicht persönlich bekannter Berufskollege hat einmal geschrieben: «Das Kind wird morgen die Person sein, auf die die Mutter heute Antwort gibt.» Wenn es als Reaktion auf sein Wimmern normalerweise etwas zu essen bekommt, wird es jemand Hungriger werden und sich essend zu trösten versuchen; wenn es erlebt, dass immer etwas anderes wichtiger ist, wird es sich selber unwichtig fühlen und sich selber nicht ernst nehmen.

Von gestern? Mindestens passt, wer so empfindet, schlecht zum heute verbreiteten Lebensstil von Tempo und Multitasking, der ja nicht nur für kleine Kinder ungünstig ist, sondern von dem auch wir uns zu oft hetzen lassen. Vielleicht lässt sich daraus, wo wir schon vom direkten Kontakt sprechen, eine Art von kleinem, individuellem Rebellentum entwickeln: Trauen Sie sich, eine telefonierende Mutter anzusprechen? Nicht tadelnd, sondern eher suchend, mit dem Hinweis auf die verschiedenen Welten, in denen sie und ihr Kind leben? Ich selber habe mich noch nicht getraut, offen gesagt, vielleicht das nächste Mal.

Aus allem herausgefallen

Jörg Hirsch

Ich (w) bin in einem kleinen Dorf als jüngstes von drei Kindern aufgewachsen. Der älteste meiner beiden Brüder (60) wurde in der Schule mit 14 auffällig, weil er immer schlief. Das Anraten zur Psychotherapie wurde vom Vater mit der Bemerkung abgeschmettert, er sei nur faul. Er machte die Matur, wurde ein ewiger Student, entwickelte ein ganz starkes Messie-Verhalten, weshalb seine Wohnung kürzlich zwangsgeräumt wurde, und lebt nun auf der Strasse. Was können wir als Angehörige noch tun?

Dass Ihr Bruder schon mit 14 den Lehrern durch sein Verhalten auffiel, lässt vermuten, dass schon dort Weichen gestellt waren für eine letztlich schwierige Entwicklung. Dass der Vater ihn lieber als faul denn krank sah, war und ist im Trend: Faul zu sein ist weniger schambesetzt als eine psychische Krankheit. Es gibt viele Faktoren, die einen zum Messie machen können. Ich kann nur einige wenige hier herausgreifen: seelische und gefühlsmässige Vernachlässigung in früher Kindheit und fehlende Zuneigung und Bestätigung. Dinge zu sammeln, die anderen unnütz erscheinen, ist dann nur ein Symptom; der Betreffende hat auch oft Mühe, sich an Abmachungen zu halten, Wichtiges von Unwichtigem zu unterscheiden, aber auch Hilfe in Anspruch zu nehmen. Ein derartiges Verhalten kann dann so ausgeprägt werden, dass es mit der gesellschaftlichen Norm inkompatibel wird und man an den Rand gerät. Wie es auch Ihrem Bruder ergangen ist. Vielleicht gab es bei Ihnen Familiengeschichten, die eine solche Entwicklung begünstigten?

Vielleicht hat Ihre Familie erfolglos versucht, Gegensteuer zu geben? Und nun herrscht Betroffenheit und Hilflosigkeit. Eventuell machen sich auch Schuldgefühle breit. Wie fühlen Sie sich als seine Schwester? Was hat er Ihnen in Ihrer Kindheit und Jugend bedeutet? Und heute? Man könnte auch fragen, ob Ihr Bruder aus der Familie ausgegrenzt und zur «Persona non grata» erklärt wird. Sind die anderen Familienmitglieder bereit und fähig, sich dem zu stellen, was vielleicht daheim nicht gut gelaufen ist und dann auch alle anderen betrifft? Das könnte ein wichtiger Schritt sein und Türen öffnen zur Wiedereingliederung.

Ihr Bruder lebt jetzt auf der Strasse. Inwieweit ist er willens und fähig, Hilfsangebote anzunehmen? Jede Stadt hat Anlaufstellen für Obdachlose, es gibt Strassenarbeiter, soziale Organisationen, kirchliche Hilfsangebote. Zwar sind alle Angebote sehr niederschwellig, aber dennoch für manch einen noch zu hoch. Dann muss eventuell der Berg zum Propheten kommen: Was wissen Sie über das derzeitige Verhalten Ihres Bruders? Hat er bevorzugte Plätze, wo er tagsüber ist und zum Übernachten? Ist er informiert über die bestehenden Angebote? Es mag sein, dass er jemanden braucht, der ihn bei der Hand nimmt, um Erstkontakte zu ermöglichen.

Doch – und das scheint mir ein ganz wichtiger Punkt –, inwieweit ist es sein freier Entschluss, auf der Strasse zu leben? Will er es vielleicht genauso? Begreift er seine Lebensart als politisches Statement gegenüber der Gesellschaft, oder möchte er durch seine Lebensart ein anderes Zeichen setzen? Dann gälte es, seine Haltung zu respektieren! Aber auch dann wäre er vielleicht dankbar für Hilfestellungen wie einen wintergeeigneten Schlafsack oder andere sinnvolle Formen der Zuwendung, wobei Geld nicht unbedingt die beste Hilfe ist. Ich wünsche Ihnen sehr, dass es gelingt, sowohl dem Bruder zu helfen, als auch die sich durch ihn bietende Chance zu nutzen, Licht in alte Dunkelkammern zu bringen.

Trennungen tun weh

Sabine Brunner

Meine WG-Partnerin hat sich von ihrem Freund getrennt, mit dem sie vier Jahre zusammen war. Nun läuft sie herum wie ein Geist, wirkt sehr unglücklich und weint abends oft. Dabei hat sie doch selbst diesen Schritt gemacht und vorher oft geklagt, wie wenig ihr Freund sich um sie kümmere. Warum ist sie so unglücklich und wie kann ich ihr helfen?

Liebe tut manchmal weh, Trennungen meistens. So stark das schöne Anfangsgefühl ist, so schmerzlich sind Enttäuschungen. Glück und Unglück gehören bei der Liebe eng zusammen. Und mit dem Ende einer Beziehung bricht vieles weg, auch wenn man es selbst in die Wege leitet.

Ich stelle mir vor, dass man im Verlaufe einer Liebesbeziehung so etwas wie ein gemeinsames seelisches Gewebe webt. Es wird grösser, je länger und enger man zusammen ist. Viele Lebensfasern – psychische wie alltagsbezogene – gibt es nur gemeinsam. Nach dem Ende der Beziehung brauchen beide Partner ihr eigenes Gewebe wieder. Beim Trennen werden einige Fasern zerschnitten. Deren Enden müssen nun einzeln verknotet werden, damit das Gewebe sich nicht auflöst; andere Fäden werden einzeln aus dem Stoff herausgelöst und sorgsam neu verwoben. Es ist ein längerer, innerer Prozess, bis das seelische Textil wieder für jeden einzeln vorhanden und vollständig ist – das braucht Zeit.

Eine Liebesbeziehung ist geprägt von Gedanken, Vorstellungen und Bildern, die man sich voneinander macht. Zu Anfang sieht man sich gegenseitig positiv, fühlt sich liebenswert und fähig zu starken, grossen Gefühlen. Die Zuwendung, die man erhält, stärkt das Selbstwertgefühl. Wir glauben, dass es möglich ist, uns den Idealbildern anzunähern, die wir uns von uns selber und vom Leben machen.

Lässt die Idealisierung nach, kommen Selbstzweifel auf und auch Zweifel am Gegenüber. Die Stärkung des Selbstwertgefühls nimmt ab. Unzufriedenheit miteinander führt vielleicht dazu, das Ende der Beziehung ins Auge zu fassen. Wird es realisiert, müssen auch gemeinsame Zukunftspläne begraben werden. Es gibt nun keine Unternehmungen zu zweit, keinen regelmässigen Austausch mehr. Niemand versteht mich, konfrontiert mich, hält mir einen Spiegel vor. Ich kann mich auf niemanden mehr stützen, und nicht einmal mehr mit dem Partner streiten kann ich. Das alles schmerzt enorm. Einsamkeit breitet sich aus und oft auch ein Gefühl von Desorientierung, Leere und Sinnlosigkeit.

Manchmal ist es möglich, Menschen mit Liebeskummer auf einer alltäglichen Ebene Hilfe anzubieten. Vielleicht muss der Alltag neu organisiert werden, es braucht eine neue Wohnung oder Verantwortungen müssen aufgeteilt werden. Tatkräftiges Unterstützen bei diesen Aufgaben kann helfen, den Kummer etwas zu vergessen und sich nicht so allein zu fühlen. Und mit dem gelebten Alltag kommt eventuell die Einsicht, dass das Leben auch ohne den Liebespartner weitergeht und lebenswert ist.

Oft helfen Gespräche über den Schmerz hinweg. Tröstende, verständnisvolle Gespräche, in denen man gemeinsam versucht, das Geschehene durchzugehen und zu verstehen. Es tut gut zu merken, dass jemand da ist, der das, was man gerade erlebt, bestätigt und mitträgt. Jemand, der sich dafür interessiert, wie es einem geht. Manchmal reicht die Unterstützung durch Freundinnen und Freunde aber nicht aus. Vielleicht, weil das Auflösen der Liebesbeziehung eine tiefere Lebenskrise ausgelöst hat, Themen der Vergangenheit hochkommen oder die Zukunft allzu bedrohlich erscheint. Dann ist es gut, professionelle Hilfe zu suchen.

Wer ist der Chef zu Hause?

Peter Schwob

Mein Mann war ein Tyrann. Zu lange blieb ich bei ihm, bekam sogar ein Kind. Nun habe ich mich endlich getrennt, meine Tochter (9) und ich leben allein, ich gebe ihr alles, was ich kann. Ein Bekannter sagte kürzlich zu ihr, zu Hause sei ich der Chef, aber das empört mich: Ich will nicht der Chef meiner Tochter sein, wir sind beide gleichgestellt. Sie soll nicht dasselbe erleben wie ich.

Nein, das ist ihr nicht zu wünschen, und ich verstehe gut, dass Sie viel daransetzen, es zu verhindern. Es könnte aber sein, dass Ihr Bekannter und Sie gar nicht so weit auseinanderliegen. Er sagte Ihrer Tochter ja nicht, sie müsse sich alles von Ihnen gefallen lassen, sondern sie könne sich auf Ihre Stärke verlassen. Und das hoffe ich für sie in der Tat auch: dass ihre Mutter stark und fürsorglich ist. Das erinnert mich an das Ideal der Good Governance. Gemeint ist: Verantwortungsvolle Staatsführung ist effektiv, legt Rechenschaft ab, beteiligt die gesamte Bevölkerung, berücksichtigt Meinung und Bedürfnisse von Minderheiten und Schwachen, versorgt alle mit den notwendigen Gütern und Dienstleistungen, weist Schmarotzer in die Schranken. Sie ist also das Gegenteil von Tyrannei. Sie setzt ihre Macht ein, aber immer für alle, nicht für wenige.

Nun kann man natürlich einen Staat und eine Familie nicht gleichsetzen. Kinder können ihre Eltern nicht wählen. Sie kommen völlig hilflos zur Welt und sind darauf angewiesen, dass wir Erwachsenen in ihrem Interesse stark sind – was im einzelnen Moment durchaus ihrem erklärten Wunsch zuwiderlaufen kann. Wenn ein Säugling an der Brustwarze der Mutter nagt, wird sie das nicht geschehen lassen, sondern ihm einen Finger zwischen die Zähne schieben, damit er auch morgen wieder trinken kann; wenn ein Schulkind stundenlang am Handy gamt, werden es ihm die Eltern nur noch für sehr beschränkte Zeiten zur Verfügung stellen, Protest hin oder her. Umgekehrt: An wen soll sich Ihr Kind wenden, wenn zu Hause alle gleichgestellt sind und es zu Tode erschrickt, weil es ein Gespenst unter dem Bett gesehen hat? Dann gibt es ja niemanden, der stärker ist und es mit dem Gespenst aufnehmen könnte.

Ich vermute, das ist das, was der Bekannte gemeint hat: Ein Kind braucht starke Erwachsene. Keine Tyrannen, sondern fürsorgliche, einfühlsame, unerschrockene, die es vor Angriffen von aussen schützen, aber auch seinen tyrannischen Wünschen standhalten. Keine Frage: Es gibt Erwachsene, die ihre Macht missbrauchen; dagegen hilft es aber nicht wegzuschauen, sondern nachzudenken und zu konfrontieren. Schön, dass Sie sich von Ihrem Tyrannen befreit haben. Es wäre spannend zu erforschen, wie es dazu kam, dass Sie sich ihm so lange unterworfen haben. Und natürlich wollen Sie nicht selber einer werden und auch verhindern, dass Ihre Tochter sich Ihnen oder sonst jemandem unterwirft. Darin unterstützen Sie ihre Tochter, indem Sie ihr ein starkes Gegenüber sind, sehr klar für Ihre eigenen Interessen eintreten und ihr dabei helfen zu unterscheiden, welche ihrer Wünsche wirklich in ihrem Interesse sind und welche nicht.

Unbequem daran ist, dass sich Ihre Tochter dann mit Ihnen auseinandersetzt. Vielleicht erschrecken Sie, wenn sie Sie – ausgerechnet Sie – als Tyrannin beschimpft. Lassen Sie sich nicht beirren: Sprechen Sie mit anderen Erwachsenen, überprüfen Sie, ob das, was Sie tun, wirklich das ist, was Sie wollen. Aber seien Sie Ihrer Tochter eine Chefin, auf die sie sich verlassen kann.

Düstere Zukunft – was soll ich tun?

Thomas Kern

Die vielen negativen Berichte über unsere Welt machen mir (w, 28) zu schaffen: Die bevorstehende Klimakatastrophe und die tatenlosen Politiker, der zunehmende Fremdenhass, Antisemitismus in Frankreich und der frauenverachtende Trump mit seiner lächerlichen Mauer. Meine Kolleginnen sagen mir, ich mache mir viel zu viele Gedanken. Was meinen Sie dazu?

Ich stimme Ihnen zu: Es gibt wirklich viel Negatives in der Welt. Ihre Liste könnte ich problemlos verlängern: Plastik in den Ozeanen, der neue brasilianische Präsident etc. Auf diese Weise könnten wir uns spielend leicht zu zweit in den Strudel der negativen Weltsicht fallen lassen. Ob das für uns oder die Opfer der schlimmen Entwicklungen hilfreich wäre? Ich bezweifle es.

Nie waren wir so gut über die Geschehnisse in der Welt informiert wie heute. Dass wir dabei in Angst geraten, ist nicht verwunderlich. Wir sind sehr gefordert, mit ihr auf eine förderliche Art umzugehen. Sich keine Gedanken dazu zu machen, wie es Ihnen empfohlen wird, wäre viel zu einfach. Es hiesse, die Wirklichkeit wegzuschieben. Im heutigen Unterhaltungs-Zeitalter bieten sich dazu viele Möglichkeiten an: Wir können uns mit Youtube-Filmen, der täglichen Fussball-Berichterstattung, Konsum ohne Ende, Drogen etc. regelrecht zudröhnen. Wenn wir die Bedrohungen verdrängen, können wir aber auch nicht zu Lösungen beitragen. Wir würden den Kopf in den Sand stecken in der Hoffnung, nicht mit der Welt zusammen unterzugehen. Die Angst wäre damit zwar weniger spürbar, aber die Bedrohung würde davon nicht kleiner. Andererseits besteht die Gefahr, dass die vielen bedrohlichen Nachrichten uns völlig überfluten. Die dabei entstehende Angst kann uns vereinnahmen und in einen Schockzustand versetzen, in dem wir nicht mehr handlungsfähig sind. Wir fühlen uns schutzlos ausgeliefert, sehen nur noch schwarz, wie Sie es beschreiben, und fühlen uns völlig ohnmächtig, uns aktiv mit dem Bedrohlichen auseinanderzusetzen.

Wie kann man berechtigte Angst bewältigen? Dazu fällt mir die Geschichte vom buddhistischen Mönch ein, der während des Vietnamkrieges in einem abgelegenen Spital mitten im Kriegsgebiet arbeitete und mit grauenhaftem Leiden konfrontiert war. Um seine Seele zu retten, wie er sich ausdrückte, nahm er jeden Morgen zehn Bohnen in die rechte Hosentasche; in jedem schönen Moment – wenn ein Kind lächelte, eine Behandlung gelang, es eine wohltuende Mahlzeit gab – legte er eine Bohne von der rechten in die linke Hosentasche. War die linke Tasche am Abend voll, bedankte er sich mit einem Lächeln für die schönen Momente. Fehlten ihm noch ein paar Bohnen, überlegte er so lange, bis ihm weitere schöne Erlebnisse in den Sinn kamen. So fand er die Kraft, weiter zu arbeiten.

Vielleicht könnten auch Sie Ihre Wahrnehmung vermehrt auf positive Meldungen aus der Welt lenken. Zu realisieren, dass es in Frankreich auch entschlossene Demonstrationen gegen Antisemitismus und Fremdenfeindlichkeit gibt oder dass im Herbst so viele Frauen ins Repräsentantenhaus der USA gewählt wurden wie noch nie, könnte Sie vielleicht dazu beflügeln, selber vermehrt aktiv zu werden: Sie könnten sich einer Gruppierung anschliessen, die sich – und sei es auch nur im Kleinen, Konkreten, in der eigenen Umgebung – dafür einsetzt, die Welt zu verbessern. Ihr Engagement für die Welt bliebe dann nicht beim blossen Gedanken-Machen stehen, und Ihre Kolleginnen bräuchten sich um Sie keine Sorgen zu machen.

Ich kann nicht schlafen

Susann Ziegler

Seit längerer Zeit kann ich (m, 30) nicht mehr recht schlafen und leide sehr darunter. Während der schlaflosen Nächte wälze ich mich und habe Ängste, ob ich den nächsten Tag durchstehe. Wenn ich aufstehen sollte, bin ich kaum zu wecken und wie gerädert. Bereits bin ich auch tagsüber mit der Idee beschäftigt, ob ich heute wohl schlafen kann oder nicht. Kurzum, der nicht vorhandene Schlaf plagt mich Tag und Nacht. Bei meinem Arzt war ich schon. Körperlich ist alles in Ordnung. Er hat mir Schlafmittel gegeben, allerdings mit der Warnung, sie könnten mich abhängig machen. Wenn ich sie einnehme, schlafe ich etwas mehr, fühle mich aber am Morgen schwer wie Blei. Was gibt es da sonst noch für Hilfe?

In der Ruhe im Schlaf erholen wir uns, sammeln Kräfte, regenerieren uns und gewinnen Abstand zu belastenden Gefühlen. Wenn diese Funktionen gestört sind, sind die Folgen sowohl objektiv als auch subjektiv verheerend. Gut zu wissen, dass bei Ihnen eine somatische Ursache ausgeschlossen wurde. Jetzt gilt es, die psychische Komponente zu untersuchen. In solchen Fällen bewährt sich ein Schlaf-/Wach-Protokoll, um den Ist-Zustand genau und neutral zu beobachten. Dafür halten Sie Bettgeh- und Aufstehzeiten fest, auch an arbeitsfreien Tagen; ausserdem, wie viele Stunden Sie dennoch geschlafen haben, wie viele Minuten sie dazwischen wach lagen, welche Nickerchen sie tagsüber einschieben. Zudem sollten Sie festhalten, ob und was Sie geträumt haben, und auch die Gedanken, die Sie in den Wachzeiten hegen. Welche Aufregungen oder Gedanken erleben Sie tagsüber? Gewöhnen Sie sich auch bereits daran, nicht zu früh ins Bett zu gehen, denn das Wachliegen mitten in der stillen Nacht ist besonders quälend. Mit diesen Notizen lohnt es sich, die

Psychotherapie aufzusuchen und im gemeinsamen Gespräch zu ergründen, weshalb Sie nicht zur Ruhe kommen. Sie müssen mit einem längeren Suchprozess rechnen. Schlaflosigkeit ist meist ein Symptom für etwas noch nicht Bekanntes; sie ist nicht einer klaren Ursache zuzuordnen, daher gibt es auch kein Patentrezept dagegen. Wenn Sie die Ängste betreffend den nächsten Tag erwähnen, so deutet das vielleicht auf eine Über- oder Unterbelastung am Arbeitsplatz hin, sei es qualitativ, quantitativ oder beziehungsmässig. Vielleicht sind Ihre Gedanken aber auch gefangen von Angelegenheiten, denen Sie tagsüber keine Zeit einräumen, die Sie verdrängen und die Sie nachts verfolgen. Nur – das ist kein bewusster Akt und bleibt Ihnen deshalb verborgen. Dabei spielen unerkannte Beziehungsprobleme, existenzielle Fragen, finanzielle Sorgen, Selbstwert- und/oder Schuldproblematiken etc. eine Rolle. Wie Sie selbst beschreiben, sind Sie bereits fixiert auf den Schlafgedanken, was einerseits verständlich ist, andererseits darauf hinweist, dass Sie andere Aspekte Ihres Lebens zu vernachlässigen beginnen. Die Schlaflosigkeit nimmt Sie derart gefangen, dass Wünsche, Sehnsüchte oder Auflehnungen in Ihrem Leben an Raum verlieren. Damit schaffen Sie sich Folgeprobleme beziehungsmässiger Art. Entwickeln Sie vielleicht schon Groll oder Neid auf alle ihre Mitmenschen, die (vermeintlich) schlafen können? Oder ein Opfergefühl, indem Sie je länger je mehr besonderes Verständnis und Rücksichtnahme Ihrer Mitmenschen erwarten, in der inneren Überzeugung, Ihr Leiden müsse für alle nachvollziehbar sein, denen Sie es schildern? Solche Negativ-Spiralen sollten Sie dringend anhalten, indem Sie das Problem mit einer Fachperson ergründen.

Vaters Alterselend

Susann Ziegler

Vor einem Jahr ist meine Mutter gestorben, mein Vater (78) lebt nun allein in der Eigentumswohnung. Seit ihrem Tod versuche ich, ihn zu unterstützen. Ich koche für ihn, gehe einkaufen, erledige die Rechnungen und rufe ihn täglich an, damit er sich nicht allein fühlt. Leider genügt ihm das nicht, immer wieder betont er, wie einsam er ist. Er wird zunehmend trauriger und zieht sich auch von seinem gewohnten Umfeld zurück. Ist er inzwischen depressiv, oder sind diese Gefühle im Rahmen seiner Trauer normal? Schliesslich waren sie 50 Jahre verheiratet. Könnte ihm eine Psychotherapie helfen? Oder sollte er eher seine Wohnform komplett ändern und in eine Alterssiedlung ziehen? Ich bin mit meinen Ressourcen am Ende und möchte nicht, dass mein Vater sich allein fühlt. Wie kann ich ihm am besten helfen?

Sie haben Ihren Vater grossartig unterstützt, aber als Tochter können Sie seine Einsamkeit nicht auflösen. Ich denke, sein Elend nach einer langen Ehe ist nachvollziehbar. In diesem Sinn können Sie zwar mit ihm trauern, aber es nicht ändern, auch wenn Sie noch so aktiv und bemüht sind. Ihre Versuche, den Vater zufriedenzustellen oder für ihn zu denken und zu handeln, können nicht fruchten, denn zuerst müssen Sie schauen, was ihn beschäftigt.

Nach einem Jahr immer tieferer Verzweiflung ist es vermutlich nicht mehr nur eine Trauerreaktion, sondern eine depressive Entwicklung. Und wie Sie wissen, helfen da kein Ermuntern, kein Mahnen und kein Drohen. Eine Entlastung für Sie könnte sein, eine Fachperson beizuziehen, sei es ein lang bekannter Hausarzt oder eine Alterspsychiaterin, die mit solchen Entwicklungen vertraut ist und mit Ihrem Vater auch eine leichte Medikation ansprechen kann.

Wichtig ist dabei, dass Sie sich etwas zurücknehmen: Sie haben Ihren Vater von allem entlastet – welche Verpflichtungen binden ihn noch? Nicht einmal für sich selbst muss er sorgen, was soll er dann noch im Leben? Warum rufen Sie täglich an und nicht er? Warum nicht nur alle zwei Tage und mit der Zeit in noch grösserem Abstand? Wenn Sie für ihn kochen, muss er nicht an einen bestimmten Ort gehen, sei es zum Einkaufen oder zum Essen. Das löst ihn aus den Alltagsbezügen und verlockt ihn zum Rückzug aus seinem Umfeld.

Jetzt ist eine gute Gelegenheit, über Ihre Beziehung zum Vater nachzudenken. Ihre heutige enge Bindung zu ihm war offenbar zu Mutters Lebzeiten nicht möglich. Haben Sie das früher vermisst und wollen etwas nachholen? Haben Sie auch schon gedacht, dass ihre verstorbene Mutter ein schweres Schicksal trug mit dem Vater? Wollen Sie in ihre Fussstapfen treten? Oder sie gar konkurrieren? Oder: Plagt es Sie, nicht zu genügen, nicht genug von ihm geliebt zu werden, zu wenig Bedeutung zu bekommen? Vielleicht schon immer? Und wie verarbeiten Sie Ihre Wut darüber, nichts bewirken zu können? Mit immer mehr Anstrengung?

Wenn Sie einige Überlegungen zu Ihrer Gefühlslage gemacht haben, ist es sinnvoll, mit dem Vater das Gespräch zu suchen. So ist er gefordert, Sie nicht nur als Dienstleisterin wahrzunehmen, sondern als Mensch mit eigenem Innenleben. Ja, ich kann gut nachvollziehen, dass Sie am Ende Ihrer Ressourcen sind. Das Schwierige ist, damit leben zu lernen, dass Ihr Vater allein ist, solange er sich nicht bewegt. Und da braucht er sicher Hilfe, aber nicht nur Ihre.

Nachwort
Innensichten nach aussen tragen

Es ist ja eine mehrfache Hin- und Her-Bewegung. Psychotherapeutisches Arbeiten besteht darin, eine Innensicht zu entwickeln: Was ist mein Anteil an dem Problem, das mich umtreibt, wo trifft es mich eigentlich, welche Antwort-Muster habe ich zur Verfügung? Wer diese Fragen einigermassen geklärt hat, kann freier wählen – sowohl seine eigenen Reaktionen gestalten als auch gezielt aussen Einfluss nehmen oder sich mit der Situation abfinden; vorher verliert man sich leicht in fruchtlosem Pingpong.

Eine Innensicht ist sehr persönlich und momentan. Es gibt keine allgemein gültigen Übersetzungen und wirksamen Handlungsanleitungen für Probleme. So gesehen, ist ein Psycho-Briefkasten ein Unding: Antworten auf die Sorgen von Herrn A können den Kummer von Frau B nicht lindern, weder in der Zeitung noch erst recht im Buch. Wirkliche Weiterentwicklung entsteht, wenn man sich intensiv mit sich selbst auseinandersetzt – mit viel Zeit, Hingabe und Geduld, etwa in einer ganz besonderen Beziehung wie einer Psychotherapie; immer wieder im Bemühen, die eigene innere Welt zu sehen und in Worte zu fassen, für ein Gegenüber, von innen nach aussen, und angereichert wieder zurück.

Persönlich, momentan – und doch kann man sich von einer Geschichte, die jemand anders erzählt oder schon vor langer Zeit erzählt hat, zutiefst angesprochen oder sogar erkannt fühlen; so wirken ja auch gestaltende Kunst, Literatur und Film. Und man kann über Lösungsvorschläge an jemand andern lachen oder empört sein – und doch im selben Moment die vorgegebene Antwort anregend finden und für sich abwandeln. Ich denke, das ist so, weil zwar jedeR von uns höchst unterschiedliche Dinge im Lebens-Rucksack mitträgt, wir aber doch alle mit ähnlichen Situationen zurechtkommen müssen.

Nachwort

Das Private ist oft sehr politisch, und umgekehrt. Der Verband der PsychotherapeutInnen beider Basel VPB bewegt sich schon seit 49 Jahren in diesem Grenzgebiet. Unsere Mitglieder bieten nicht nur individuelle Psychotherapie an, sondern auch Paar-, Familien- und Gruppentherapien und Erziehungsberatung. Wir engagieren uns berufspolitisch und mischen uns regional in die Tagespolitik ein, wenn es um Versorgungs- und Planungsfragen im Gesundheitswesen geht. Wir haben die erste Psychotherapie-Regelung der Schweiz initiiert, uns gegen Sozialversicherungsspione stark gemacht und mitgeholfen, die Verlegung der Kinderpsychiatrie-Ambulanz aus der Innenstadt auf das Gelände der Psychiatrischen Klinik zu verhindern. Wir nehmen Gerüchte über sexuelle Übergriffe in Psychotherapien entgegen, beteiligen uns an Forschungsprojekten und treten mit Abstimmungsinseraten, Lesungen und dem Café Psy an die Öffentlichkeit (Näheres siehe www.psychotherapie-bsbl.ch). In diese Reihe gehört auch die Innensicht.

Die hier abgedruckten Texte entstanden in individueller Arbeit als Beiträge für die Rubrik Innensicht in der Regionalzeitung bzBasel – sieben KollegInnen mit unterschiedlichem therapeutischem Hintergrund, die verschiedene Sprachen sprechen, durch verschiedene Brillen schauen (Psychoanalyse, Jung'sche Psychologie, Personzentrierter Ansatz, Systemtherapie), haben sie geschrieben. Dann wurden sie aber in intensiven Gesprächen gemeinsam korrigiert, erweitert, angereichert. In der Diskussion wurde immer wieder klar, wie viel Innensicht beim Schreiben in den Text fliesst und wie wertvoll es ist, sie durch Beiträge von aussen zu klären und zu relativieren.

Peter Schwob
Präsident VPB

Stichwortverzeichnis

Abgrenzung, Grenzen 6, 8, 10, 34, 38, 48, 50, 84, 106, 134
Ablösung 2, 30, 46, 74, 114
Abwehr 16, 20, 44, 104
Achtsamkeit 18, 36, 40, 112, 120
ADHS 54
Adoleszenz 42, 46, 100, 114
Aerger, Wut 6, 30, 38, 42, 44, 50, 76, 78, 80, 96, 104, 108, 120
Allein 6, 18, 20, 44, 50, 58, 68, 134
Alter 30, 52, 80, 98, 134
Ambivalenz 24, 36, 38, 72, 92
Angehörige 32, 124, 94, 120
Angst 12, 18, 32, 40, 42, 44, 46, 58, 60, 70, 118, 130, 132
Arbeit 66, 76, 86
Ausbrechen 76, 82, 124
Autismus 94
Autonomie 2, 8, 68, 86, 88, 110, 114

Behinderung 20, 34, 98
Beziehung, Bindung 6, 14, 24, 26, 38, 42, 52, 56, 70, 92, 114, 122, 134
Borderline 24

Demenz 30, 80
Depression, Burn-out, Erschöpfung 10, 16, 28, 66, 88, 112, 134
dick 16

Eltern 2, 10, 14, 22, 26, 42, 50, 74, 84, 88, 98, 114
Engel 70
Enttäuschung 6, 38, 60, 62, 76, 100, 106
Erben 102
Erwachsenwerden 18, 22, 38, 42, 46, 60, 68, 76, 88, 108
Erziehung 2, 6, 8, 42, 44, 48, 50, 78, 100, 110, 114, 122, 128
Familie 14, 22, 50, 56, 60, 72, 82, 86, 102, 120, 124, 128

Freizeit 42, 82, 110

Geschwister, Einzelkind 74, 90, 102, 124

Handy, online 68, 122
Hilflosigkeit, Ohnmacht 4, 6, 12, 30, 44, 88, 94, 124, 130

Impulskontrolle 6, 16, 20, 24, 50, 54, 68, 76, 78, 94

Kinder 6, 10, 14, 48, 50
Konflikt, Streit 18, 22, 72, 78, 96, 102, 104, 118, 134, 88
Körper 4, 8, 16, 112, 120
Kränken, Verletzen 34, 38, 72
Kritik 22, 24, 32, 62, 66, 72, 76, 120
Kulturschock 46

Langeweile 42, 68, 82, 116
Leere 68, 116, 120
Leidenschaft 64, 82
Liebe 4, 68, 74, 86, 92, 114, 116, 126
Loslassen 42, 88, 98, 114, 134

Macht, Hierarche, Kontrolle 4, 20, 66, 128
Mediation 102
Medikamente 54, 88, 118, 132
Mutter 2, 10, 24, 44, 48, 72, 80, 98, 122, 128

Nachbarn 96

Paar 4, 10, 12, 50, 56, 60, 68, 82, 86, 92, 116
Passivität 2, 16, 50, 78, 134
Persönlichkeitsstörung 24, 54

Privatsphäre 34, 84
Psychiatrie 32
Psychose 32, 46
Psychotherapie 4, 16, 20, 24, 50, 52, 54, 64, 92, 106, 112, 118
Pubertät 2, 8, 24, 42, 78, 100

Rückzug 4, 28, 32, 58, 120

Scham 18, 26, 58, 66
Schlaf, Träume 18, 58, 112, 132
Schreien, Schlagen 10, 50, 78
Schuldgefühle 34, 72, 108, 134
Selbsthilfegruppe 20, 32
Selbstbewusstsein 2, 18, 60, 64, 66, 76, 86, 90
Selbstverletzung 8, 24
Selbstverwirklichung 86
Selbstwert 54, 64, 122
Sexualität 4, 20
Stehlen 6
Strenge 58
Sucht 54, 100, 116
Supervision 118

Tattoo 8
Terror 12
Tod 30, 102, 108
Trauer 16, 30, 108, 126, 134
Trauma 40

Trennung 14, 92, 116, 126, 128

Überforderung 10, 98, 134
Unzufriedenheit 36, 52

Vater 2, 14, 26, 38, 50, 108, 134
Vertrauen 48, 62, 70

Wiederholung 4, 10, 18, 40, 60, 76, 120
Wünsche 82, 106, 132

Zwang 20

Die AutorInnen

«Innensicht» wurde betreut vom «Verband der PsychotherapeutInnen beider Basel» VPB. www.psychotherapie-bsbl.ch

Sabine Brunner, Basel

Geboren 1966, Studium der Klinischen Psychologie an der Universität Basel. Einstieg in die praktische Arbeit vorerst im institutionell-psychiatrischen Bereich. Nach einem längeren Ausflug in die Frauenberatung folgte 2008 die Anstellung am Marie Meierhofer Institut für das Kind in Zürich und eine Ausbildung zur Psychotherapeutin für Kinder, Jugendliche und Familien in Luzern (KJF). Zurzeit ergänzen und bereichern sich therapeutische Arbeit, Supervisionstätigkeit, Lehrtätigkeit an verschiedenen Fachhochschulen und das Verfassen von psychologischen Texten. E-Mail: brunner@mmi.ch

Jörg Hirsch, Arlesheim

Jahrgang 1952. Nach dem Abitur Schreinerlehre und Tätigkeit als Handwerker, fest eingebettet in einer Yoga-Gemeinschaft. Danach, mittlerweile Mitte 30, Studium der Psychologie und Ausbildung im psychoanalytischen Rahmen. Praxistätigkeit seit 1996, nebst Mitarbeit in einem Gesundheitszentrum. Spirituelle Fragen und damit verbundene Krisen sind neben der Verarbeitung der persönlichen Geschichte der Hilfesuchenden Themen der Therapie. Verschiedene Aspekte der Achtsamkeit fliessen ebenfalls in den therapeutischen Prozess ein. E-Mail: joerg.hirsch@bluewin.ch

Thomas Kern, Basel

Geboren 1962 in Basel. Nach dem Studium der Klinischen Psychologie in Fribourg Arbeit in verschiedenen Bereichen der Psychiatrie, als Case-Manager im Bereich der beruflichen Eingliederung von Menschen mit psychischen Beeinträchtigungen und als Heimpsychologe in einem Zentrum für Sonderpädagogik. Ausbildung in Personzentrierter Psychotherapie und in Mindfulness-Based Stress Reduction. Seit 2002 Psychotherapeut und Supervisor in eigener Praxis. Ausserdem MBSR-Lehrer und Dozent in der Weiterbildung von Arbeits-AgogInnen und SozialpädagogInnen. E-Mail: kern@pptk.ch

Birgit Milz, Basel

Geboren 1961, Studium der Klinischen Psychologie in Berlin, Therapieausbildung am C.G. Jung-Institut Zürich. Mehrjährige Tätigkeit mit Jugendlichen im stationären Suchtbereich und in der Erziehungsberatung. Aufbau und Co-Leitung eines mehrjährigen SAFE-Projektes (Sichere Ausbildung für Eltern, bindungsorientiert) am Kantonsspital Liestal. Psychotherapeutin in eigener Praxis, Traumatherapie-Supervisorin E-Mail: praxismilz@gmx.ch

Peter Schwob, Oberwil

Geboren 1953, beruflich zuerst Primarlehrer und Jugendarbeiter, nach dem Psychologiestudium freier Mitarbeiter an der Familien- und Erziehungsberatung Basel und Dozent für Psychologie, Psychiatrie und Praxisberatung an Krankenpflegeschulen. Ausbildung in Psychoanalyse, phasischer Familientherapie und Themenzentrierter Interaktion. Ab 1992 Psychotherapeut in einer Gemeinschaftspraxis und Erziehungsberater für drei Basler Vorortgemeinden. Seit 2001 Präsident des VPB. Ehemann und Stief-Grossvater. E-Mail: mail@schwobahrens.ch

Die AutorInnen

Gisela Zeller-Steinbrich, Basel

Psychoanalytikerin und eidgenössisch anerkannte Psychotherapeutin mit Praxis in Basel, Dozentin, Lehrtherapeutin und Supervisorin in Ausbildungsinstituten in Deutschland und der Schweiz. Beirätin am Institut für Kinder-, Jugendlichen- und Familientherapie Luzern. 1975 bis 2000 Lehrauftrag an der Universität Köln. Spezialausbildungen in Psychotherapie für Kinder, Familien und Paare. Leiterin und Supervisorin von Säuglingsbeobachtungskursen. Supervision von Psychiatern, Pädagogen und Heimmitarbeitern. Referentin an internationalen Fachkongressen. Zahlreiche Medien-Interviews, Zeitschriften- und Buchveröffentlichungen. E-Mail: zeller.steinbrich@bluewin.ch

Susann Ziegler, Basel

Geboren 1950. Nach dem Psychologie-Studium an der Universität Zürich Heimerzieherin für Jugendliche, danach Klinische Psychologin in einer Kantonalen Psychiatrischen Klinik mit Vertiefung in Psychose-Psychotherapie, Sozialpsychiatrie, psychiatrischer Rehabilitation und Spitalmanagement. Weiterbildung zur psychoanalytischen Psychotherapeutin mit eigener Praxis in Teilzeit. Daneben Lehrerin für Psychiatrische Krankenpflege, Heim- und Schulberatung, Supervision, Mitarbeit bei der Entwicklung moderner psychiatrischer Versorgung in einem Universitätsspital in Bulgarien, eidgenössische und regionale Berufspolitik. Verheiratet. E-Mail: susann.ziegler@bluewin.ch

www.asanger.de

Sven Tönnies
Entspannung – Suggestion – Hypnose.
Praxisanleitungen zur Selbsthilfe und Therapie.
3. Aufl., 194 Seiten mit Abbildungen und Tabellen
22,- €, ISBN 978-3-89334-393-5

Ein brilliant geschriebenes Werk über Entspannungsverfahren, die bei der täglichen Stressabwehr und Stressverarbeitung helfen, die seelisch-körperliche Fitness fördern und auch bei psychosomatischen und chronischen Erkrankungen die Lebensqualität verbessern.

"... wer ein gut lesbares Buch mit Praxisnähe und vielen praktischen Übungsanleitungen sucht, der braucht nicht länger zu suchen: Er ist bereits am Ziel." (Tinnitus-Forum).

Sven Tönnies
Mentales Training für die geistig-seelische Fitness.
Ein Ratgeber bei belastenden Gedanken und Stress im Alltag. 5., neu bearb., erw. und aktualisierte Auflage
7. Aufl., 190 S., Ill., 19,50 €, ISBN 978-3-89334-339-3

Bei der Neubearbeitung dieses Ratgebers für mehr Entspannung und Freude im Leben hat der Autor vieles im Detail optimiert und aktualisiert. Das klar und anschaulich geschriebene Trainingsbuch basiert auf einer Vielzahl wissenschaftlicher Untersuchungen und grenzt sich deutlich von der Methode des "positiven Denkens" ab, die Leichtgläubigen viel verspricht, nachweislich aber kaum erfolgreich ist.

Durch zahlreiche Beispiele wird anschaulich
- *wie negatives Denken und Grübeln Ihre Stimmung beeinflusst*
- *mit welchen Entspannungsübungen Sie selbst Ihre Gedanken harmonisieren können*
- *wie Sie Verstimmungen, Angstgefühle und Zwangsgedanken verringern können*
- *wie Sie sich mit Hilfe mentaler Strategien optimal auf Belastungs- und Stress-Situationen im Alltag vorbereiten können*

www.asanger.de

Max Mehrick
Der lange Weg zurück
Das verlorene Leben. 206 S., 24,50 €,
ISBN 978-3-89334-622-6

Diese autobiographische Erzählung zeigt die ersten drei Jahrzehnte des Lebenswegs eines jungen Menschen auf. Sie führt uns in eine Welt schwerer körperlicher und seelischer Verletzungen und vermittelt schonungslos, welche fatalen Folgen sexualisierte Gewalt in der Kindheit und Jugend haben kann.

„Und so wird diese Autobiographie ein Lehrbuch zur innerpsychischen Dynamik eines schwer traumatisierten und um Überleben bemühten Menschen. ... ein Lehrbuch über Täterstrategien" (Trauma & Gewalt)

„Ein einfühlsames, empfehlenswertes und lesenswertes Buch. Nicht nur für Psychotherapeuten." (Deutsches Ärzteblatt)

„Das schonungslos geschriebene Buch von Max Mehrick liest sich mit einer Mischung aus Zorn und Fassungslosigkeit und es gehört ins Zentrum der Diskussion um die Odenwaldschule, Gerold Becker und Hartmut von Hentig." (Trauma – Zeitschrift für Psychotraumatologie und ihre Anwendungen)

Max Mehrick
Das Fenster zur Einsamkeit
Verborgenes Leben. 187 S., 19,80 €,
ISBN 978-3-89334-635-6

„Das Wichtigste hast du bei uns lernen dürfen." Mit diesen Worten wird Jakob aus der Odenwaldschule ins Leben entlassen. Doch er ist nicht fähig, ein „normales" Leben zu führen, er ist kaum fähig, überhaupt ein Leben zu führen. Die, die ihn das „vermeintlich Wichtigste" gelehrt haben, haben sein Leben zerstört.

„Jakobs Erzählung wirkt oberflächlich ruhig, distanziert und besonnen. ...eine der wenigen Perspektiven, wie ein Überlebender seine Not zu überleben schildern kann, ohne sich über dem Bericht selbst zu verlieren." (https://lotoskraft.wordpress.com/2020/01/20/buchbesprechung-das-fenster-zur-einsamkeit)

„Mit Jakobs Innensicht gelingt es Mehrick, ein Psychogramm eines Verlorenen zu zeichnen ...Traumata können eine Einsamkeit herstellen, die nicht immer überwunden werden kann. Sie zu verstehen, ist ein wertvolles Geschenk – für jede Therapie und für jede Begegnung" (Deutsches Ärzteblatt)

Asanger Verlag, Kröning
Dr. Gerd Wenninger, Bödldorf 3, 84178 Kröning, verlag@asanger.de